JN447166

개역개정

묵상과 함께하는

따라쓰기 성경

요한복음

AGAPE
[주]아가페출판사

개역개정

묵상과 함께하는

따라쓰기 성경

요한복음

필 사 자			
시 작 한 날	년	월	일
마 감 한 날	년	월	일

AGAPE
[주]아가페출판사

「묵상과 함께하는 따라쓰기 성경」의 특징

- 이 책은 요한복음 말씀묵상과 필사를 동시에 할 수 있도록 90회분의 따라쓰기 성경으로 구성되었습니다.
- 이 책은 날짜가 특정되지 않아 순차적으로 말씀묵상과 필사가 가능합니다.
- 밑글씨가 있어 성경책 대조 없이 필사 가능합니다.
- 본문이 밑글씨로 인쇄되어, 필사 시간이 단축됩니다.
- 필사 시 오자, 탈자의 염려가 없습니다.

'말씀묵상'은

말씀과 기도를 통해 날마다 하나님의 음성에 귀 기울이고 그 음성을 따라 살아가고자 하는 그리스도인을 위한 경건의 시간입니다. '말씀묵상'은 하루 중 가장 귀중한 시간에 아무도 방해하지 않는 곳에서 해야 합니다. 그리고 깨달은 말씀을 주야로 묵상하는 것입니다.

묵상과 함께하는

따라쓰기 성경 활·용·법

■ 본문 앞에 위치한 개요(요한복음을 묵상하기 전에)를 읽고 시작하면 말씀묵상에 도움이 됩니다.

오늘 묵상하고 필사할 일일 본문입니다.

'본문 요약'을 읽고 전체 흐름을 파악합니다.

절 숫자 수록

묵상을 도와주는 에세이를 통해 오늘 묵상한 내용을 정리합니다.

묵상하고 필사한 날짜를 기록합니다.

밑글씨를 따라 성경 말씀을 필사하면 됩니다.

예수님 말씀은 빨간색 펜으로 쓰실 수 있습니다.

요한복음 1:43-51 **빌립과 나다나엘** 년 월 일

본문 요약 I 빌립과 나다나엘이 예수님의 제자가 된다. 나다나엘은 예수님의 출신 배경에 대해서 듣고 부정적인 반응을 보인다. 그러나 직접 예수님을 만나자 자신의 은밀한 삶까지도 아시는 그분을 하나님의 아들로 인정한다. 예수님의 비천한 출신 배경은 그분의 제자들에게조차도 문제가 되었다. 그러나 하나님은 인간의 상식을 초월해 일하신다.

43 이튿날 예수께서 갈릴리로 나가려 하시다가 빌립을 만나 이르시되 나
를 따르라 하시니
44 빌립은 안드레와 베드로와 한 동네 벳새다 사람이라
45 빌립이 나다나엘을 찾아 이르되 모세가 율법에 기록하였고 여러 선지
자가 기록한 그이를 우리가 만났으니 요셉의 아들 나사렛 예수니라
46 나다나엘이 이르되 나사렛에서 무슨 선한 것이 날 수 있느냐 빌립이
이르되 와서 보라 하니라
47 예수께서 나다나엘이 자기에게 오는 것을 보시고 그를 가리켜 이르시
되 보라 이는 참으로 이스라엘 사람이라 그 속에 간사한 것이 없도다
48 나다나엘이 이르되 어떻게 나를 아시나이까 예수께서 대답하여 이르시
되 빌립이 너를 부르기 전에 네가 무화과나무 아래에 있을 때에 보았
노라
49 나다나엘이 대답하되 랍비여 당신은 하나님의 아들이시요 당신은 이
스라엘의 임금이로소이다
50 예수께서 대답하여 이르시되 내가 너를 무화과나무 아래에서 보았다
하므로 믿느냐 이보다 더 큰 일을 보리라
51 또 이르시되 진실로 진실로 너희에게 이르노니 하늘이 열리고 하나님의
사자들이 인자 위에 오르락 내리락 하는 것을 보리라 하시니라

오늘의 묵상 경건한 사람도 인간이 지닌 편견과 한계를 그대로 드러내 보일 때가 있다. 본문의 나다나엘은 예수님을 만나기 전에 이미 무화과나무 아래서 홀로 경건한 생활을 하는 사람이었지만, 예수님을 외모로만 취하는 우를 범하고 말았다. 신앙이 좋고 경건하다고 해서 모든 인간적인 약점을 극복하는 것은 아니다. 우리도 주변에서 가끔 믿음 좋은 사람이 어리석은 선택이나 모습을 보이는 것을 볼 때가 있다. 인간이기에 그런 것이다! 그때는 너무 정죄하기보다는 이해하고 격려하는 마음이 필요할 것이다. 한편, 인간은 누군가를 평가할 때 나다나엘처럼 외적인 조건으로 평가할 때가 많다. 그러나 조건을 따라 사람을 대하면 강자에겐 약하고 약자에겐 강한 인간의 죄성이 그대로 드러나기 쉽다. 그래서 성경은 사람을 대할 때 하나님의 피조물로 평등하게 대할 것을 권면한다(참조. 갈 3:28). 외적 조건을 따라 사람을 차별하지 말아야 한다.

16

묵상과 함께하는 따라쓰기 성경 요한복음 쓰기표

■ 1-30

1	요한복음 1:1-8	□
2	요한복음 1:9-18	□
3	요한복음 1:19-28	□
4	요한복음 1:29-42	□
5	요한복음 1:43-51	□
6	요한복음 2:1-12	□
7	요한복음 2:13-22	□
8	요한복음 2:23-3:8	□
9	요한복음 3:9-21	□
10	요한복음 3:22-36	□
11	요한복음 4:1-15	□
12	요한복음 4:16-27	□
13	요한복음 4:28-42	□
14	요한복음 4:43-54	□
15	요한복음 5:1-9	□
16	요한복음 5:10-18	□
17	요한복음 5:19-30	□
18	요한복음 5:31-39	□
19	요한복음 5:40-47	□
20	요한복음 6:1-13	□
21	요한복음 6:14-21	□
22	요한복음 6:22-29	□
23	요한복음 6:30-40	□
24	요한복음 6:41-51	□
25	요한복음 6:52-59	□
26	요한복음 6:60-71	□
27	요한복음 7:1-9	□
28	요한복음 7:10-24	□
29	요한복음 7:25-36	□
30	요한복음 7:37-44	□

■ 31-60

31	요한복음 7:45-53	□
32	요한복음 8:1-11	□
33	요한복음 8:12-20	□
34	요한복음 8:21-30	□
35	요한복음 8:31-38	□
36	요한복음 8:39-47	□
37	요한복음 8:48-59	□
38	요한복음 9:1-12	□
39	요한복음 9:13-23	□
40	요한복음 9:24-34	□
41	요한복음 9:35-41	□
42	요한복음 10:1-10	□
43	요한복음 10:11-21	□
44	요한복음 10:22-30	□
45	요한복음 10:31-42	□
46	요한복음 11:1-6	□
47	요한복음 11:7-16	□
48	요한복음 11:17-27	□
49	요한복음 11:28-37	□
50	요한복음 11:38-46	□
51	요한복음 11:47-57	□
52	요한복음 12:1-8	□
53	요한복음 12:9-16	□
54	요한복음 12:17-26	□
55	요한복음 12:27-36	□
56	요한복음 12:37-43	□
57	요한복음 12:44-50	□
58	요한복음 13:1-11	□
59	요한복음 13:12-20	□
60	요한복음 13:21-30	□

■ 61-90

61	요한복음 13:31-38	□
62	요한복음 14:1-7	□
63	요한복음 14:8-14	□
64	요한복음 14:15-21	□
65	요한복음 14:22-31	□
66	요한복음 15:1-8	□
67	요한복음 15:9-17	□
68	요한복음 15:18-27	□
69	요한복음 16:1-6	□
70	요한복음 16:7-15	□
71	요한복음 16:16-24	□
72	요한복음 16:25-33	□
73	요한복음 17:1-8	□
74	요한복음 17:9-19	□
75	요한복음 17:20-26	□
76	요한복음 18:1-11	□
77	요한복음 18:12-18	□
78	요한복음 18:19-27	□
79	요한복음 18:28-40	□
80	요한복음 19:1-11	□
81	요한복음 19:12-22	□
82	요한복음 19:23-30	□
83	요한복음 19:31-37	□
84	요한복음 19:38-42	□
85	요한복음 20:1-10	□
86	요한복음 20:11-18	□
87	요한복음 20:19-29	□
88	요한복음 20:30-21:6	□
89	요한복음 21:7-14	□
90	요한복음 21:15-25	□

: 요한복음을 묵상하기 전에

저자 및 기록 시기

요한복음의 저자는 사도 요한으로 본서(21:23-24)와 초대교회의 모든 자료들이 그것을 입증해 주고 있다. 본서에서 사도 요한은 자신의 이름을 직접 드러내지 않고 단지 예수님이 사랑하시는 제자라고만 언급한다(13:23; 19:26; 20:2; 21:7, 20). 그러나 문맥상 예수님이 사랑하셨던 제자가 사도 요한인 것은 의심의 여지가 없다. 요한은 자신의 형제인 사도 야고보와 함께 비교적 유복한 집안 출신의 제자였다(막 1:19-20). 요한은 초대교회가 형성될 때에도 베드로와 함께 중추적인 역할을 감당했으며, 바울에 의해 교회의 기둥 같은 인물로 묘사되기도 하였다(갈 2:9).

한편, 본서의 기록 시기는 마태복음 · 마가복음 · 누가복음이 다 기록된 후인 AD 70년 이후로 추정된다. 대략 AD 80-90년 사이에 사도 요한이 말년을 보냈던 에베소에서 작성한 것으로 여겨진다.

기록 배경과 목적

요한복음의 기록 목적은 본서 자체에 두 가지로 기록되어 있다(20:30-31).

첫째, 예수 그리스도가 하나님의 아들 그리스도이심을 믿게 하려는 의도에서 쓰였다. 구약성경에 오랫동안 예언되어 온 메시아가 바로 예수 그리스도시라는 사실을 말하고 있다. 이는 다분히 당시의 유대인들을 의식한 표현으로, 유대인들이 배척한 예수님이 바로 그들이 기다리던 메시아라는 사실을 강조하기 위해 쓰였다.

둘째, 그 예수님을 믿음으로써 생명을 얻는다는 사실을 강조하기 위해서다. 하나님의 자녀가 되는 자격은 결코 인간적인 조건에 의해 이루어지지 않는다(1:13). 유대인이든 이방인이든 누구든지 예수 그리스도를 믿음으로 생명을 얻는다. 유대인들은 자신들이 아브라함의 자손이므로 무조건 구원을 얻는다고 생각했으나, 요한은 예수 그리스도를 영접함으로써 구원 얻음을 역설하고 있다.

주요 내용

요한은 예수 그리스도가 하나님의 아들이심을 드러내기 위한 목적으로 이 서신을 기록했다. 그 때문에 본서는 예수님이 누구신가를 드러내는 사건과 말씀 중심으로 기록되어 있다. 특히 '세상 죄를 지고 가는 하나님의 어린 양'(1:29)이라는 세례 요한의 증언으로부터 시작하여, 요한복음에는 예수님이 직접 자신에 대해 설명하시는 '나는 …이다'라는 표현이 일곱 번 등장하는데(6:35; 8:12; 10:7; 10:11; 11:25; 14:6; 15:1), 이를 통해 예수님이 직접 밝히시는 자기 정체성을 소개하고 있다. 또한 표적을 소개함에 있어서도 예수님이 행하신 모든 표적을 나열하기보다는 그분이 하나님의 아들 되시는 결정적 증거가 되는 표적들을 일곱 가지만 선별하여 기록하고 있다(2:1-11; 4:46-54; 5:1-9; 6:1-13, 16-21; 9:1-41; 11:1-44).

태초부터 말씀으로 계셨던 예수님은 이 땅에 육신을 입고 '세상 죄를 지고 가는 어린 양'의 모습으로 오셨다. 그러나 그런 하나님의 아들을 유대인들은 거절하였고, 그럼에도 예수님은 그들에게 계속해서 자신이 하나님의 아들이심을 표적과 기사와 말씀으로 가르치셨다. 결국 예수님은 유대인들에게 죽임을 당하시나, 다시 부활하셔서 제자들의 믿음을 굳게 하시고 그들에게 사명을 주셨다. 예수 그리스도가 하나님의 아들 되신 증거는 충분하다. 그러나 사람들은 여전히 오늘날도 예수님을 받아들이려 하지 않는다. 이것이 오늘도 요한복음이 계속해서 전해져야 하는 이유다.

단락 구분

1. 그리스도의 성육신(1:1-18)

2. 예수님이 하나님의 아들 되신 증거와 유대인의 불신(1:19-12:50)
   - 세례 요한의 증언과 첫 제자들(1:19-51)
   - 가나 혼례 잔치의 표적(2:1-12)
   - 첫 유대 사역(2:13-3:36)
   - 사마리아 전도(4:1-42)
   - 왕의 신하의 아들을 고치신 두 번째 표적(4:43-54)
   - 38년 된 병자를 고치신 표적과 유대인의 배척(5:1-47)
   - 갈릴리에서 행하신 기적과 그 의미(6:1-71)
   - 예루살렘에서의 사역과 유대인의 배척(7:1-10:42)
   - 죽은 나사로를 살리심과 예수님을 죽일 음모(11:1-12:50)

3. 예수님의 가르침과 기도(13:1-17:26)
   - 제자들을 가르치심(13:1-16:33)
   - 예수님의 기도(17:1-26)

4. 예수님의 고난과 죽으심 그리고 부활(18:1-21:25)
   - 잡히심과 고난(18:1-19:27)
   - 죽으심과 장례(19:28-42)
   - 부활 후 제자들에게 나타나심(20:1-21:25)

태초에 말씀이 계시니라 이 말씀이 하나님과
함께 계셨으니 이 말씀은 곧 하나님이시니라
_요한복음 1:1

요한복음 1:1-8 말씀이신 그리스도

년 월 일

본문 요약 | 요한은 태초부터 계셨던 '말씀'이신 그리스도에 관하여 설명한다. 그분은 처음부터 하나님과 함께 계시며 세상을 창조하신 하나님이시다. 그분 안에 있는 생명이 빛으로 나타나 어두운 세상을 비추었지만 세상은 깨닫지 못한다. 예수님은 하나님이시며, 세상을 창조하셨듯이 죄악 된 세상을 재창조하시기 위해서 오신 분이다.

1 태초에 말씀이 계시니라 이 말씀이 하나님과 함께 계셨으니 이 말씀
은 곧 하나님이시니라
2 그가 태초에 하나님과 함께 계셨고
3 만물이 그로 말미암아 지은 바 되었으니 지은 것이 하나도 그가 없이는
된 것이 없느니라
4 그 안에 생명이 있었으니 이 생명은 사람들의 빛이라
5 빛이 어둠에 비치되 어둠이 깨닫지 못하더라
6 하나님께로부터 보내심을 받은 사람이 있으니 그의 이름은 요한이라
7 그가 증언하러 왔으니 곧 빛에 대하여 증언하고 모든 사람이 자기로
말미암아 믿게 하려 함이라
8 그는 이 빛이 아니요 이 빛에 대하여 증언하러 온 자라

오늘의 묵상 요한복음은 예수 그리스도를 빛으로 소개하며 시작한다. 거기에는 이유가 있다. 태초에 세상이 창조되기 전 어둠에 휩싸여 있을 때, 하나님께서는 빛을 창조하여 비추게 하시며 세상 창조를 시작하셨다(창 1:2–3). 마찬가지로 이제 죄로 인해 타락해 버린 세상에 유일한 소망이요 빛 되신 예수 그리스도를 통하여 '재창조(구원)'의 역사를 시작하심을 나타내시는 것이다. 성경이 보이려고 하는 것은 창조 때나 인간 타락으로 예수님이 오실 때나 세상의 유일한 빛과 소망은 오직 예수님뿐이라는 것이다. 오늘날 타락하고 멍들고 분열된 사회를 치유하고 죄로 신음하는 개인의 삶을 회복하실 분은 예수 그리스도뿐이시다. 우리는 이 사실을 세상에 전파해야 한다. 본문의 세례 요한처럼 우리도 그리스도의 전령이 되어 세상에 하나뿐인 빛과 소망을 전파해야 한다. 그리스도 외에 헛된 세상 것에 소망을 품지 않도록 알리는 것이 교회의 중요한 사명이다.

요한복음 1:9-18　그리스도의 자녀 된 권리

년　월　일

본문 요약 | 빛이 세상을 비추었으나 세상은 그리스도를 영접하지 않는다. 그러나 영접하는 자에게는 하나님의 자녀가 되는 권세가 주어진다. 말씀이 육신이 되어 이 땅에 머무르신 예수 그리스도의 생애는 은혜와 진리가 넘치는 삶이었다. 그리스도를 영접하고 그리스도인이 된다는 것은 무거운 짐을 지는 것이 아니라 특별한 권리이자 권세임을 깨달아야 한다.

9 참 빛 곧 세상에 와서 각 사람에게 비추는 빛이 있었나니
10 그가 세상에 계셨으며 세상은 그로 말미암아 지은 바 되었으되 세상
이 그를 알지 못하였고
11 자기 땅에 오매 자기 백성이 영접하지 아니하였으나
12 영접하는 자 곧 그 이름을 믿는 자들에게는 하나님의 자녀가 되는 권
세를 주셨으니
13 이는 혈통으로나 육정으로나 사람의 뜻으로 나지 아니하고 오직 하나님
께로부터 난 자들이니라
14 말씀이 육신이 되어 우리 가운데 거하시매 우리가 그의 영광을 보니
아버지의 독생자의 영광이요 은혜와 진리가 충만하더라
15 요한이 그에 대하여 증언하여 외쳐 이르되 내가 전에 말하기를 내 뒤
에 오시는 이가 나보다 앞선 것은 나보다 먼저 계심이라 한 것이 이
사람을 가리킴이라 하니라
16 우리가 다 그의 충만한 데서 받으니 은혜 위에 은혜러라
17 율법은 모세로 말미암아 주어진 것이요 은혜와 진리는 예수 그리스도로
말미암아 온 것이라
18 본래 하나님을 본 사람이 없으되 아버지 품 속에 있는 독생하신 하나
님이 나타내셨느니라

오늘의 묵상

오늘 본문을 통해 신앙생활이 '희생'이 아닌 '권리'임을 깨닫는다. 우리는 흔히 하나님의 자녀가 되어 사는 것이 세상에서 손해를 보고 희생하는 것으로 생각한다. 물론 그런 면이 있는 것이 사실이다. 믿음으로 살려고 하면 세상 것에 절제해야 하고 주님의 영광을 위해 나 자신을 부인해야 한다. 그러나 그것은 엄밀히 말해 손해나 희생이 될 수 없다. 왜냐하면 첫째, 내가 하는 희생과 헌신은 결국은 나를 이롭게 하기 때문이다. 세상 것에 절제하고 죄에서 떠나면 당장에 손해처럼 보이나 그것이 나를 건강하고 이롭게 한다. 둘째, 이 땅에서 손해처럼 보이지만 결국에는 주님께서 더 큰 것으로 갚아 주실 것이기 때문이다(롬 8:18). 따라서 믿음으로 산다는 것은 이생과 내생에서 큰 권리임을 알아야 한다. 우리가 주님을 위해 감당하는 그 어떤 희생과 봉사도 '희생'이라고 생각지 말자. 우리는 더 큰 영광을 얻기 위해 '거룩한 선택'을 한 것뿐이다.

요한복음 1:19-28 세례 요한의 자기 인식

년 월 일

본문 요약 | 유대인들은 제사장들과 레위인들을 보내어 세례 요한이 누구인지를 묻는다. 요한은 자신은 그리스도가 아니라 자기 뒤에 오시는 그리스도의 길을 준비하는 '광야에서 외치는 자의 소리'이고, 그리스도의 신발끈을 풀기도 감당 못할 사람이라고 말한다. 세례 요한은 사람들의 인정을 받는 가운데서도 자신의 위치를 망각하지 않는다.

19 유대인들이 예루살렘에서 제사장들과 레위인들을 요한에게 보내어 네
가 누구냐 물을 때에 요한의 증언이 이러하니라
20 요한이 드러내어 말하고 숨기지 아니하니 드러내어 하는 말이 나는 그
리스도가 아니라 한대
21 또 묻되 그러면 누구냐 네가 엘리야냐 이르되 나는 아니라 또 묻되 네
가 그 선지자냐 대답하되 아니라
22 또 말하되 누구냐 우리를 보낸 이들에게 대답하게 하라 너는 네게 대
하여 무엇이라 하느냐
23 이르되 나는 선지자 이사야의 말과 같이 주의 길을 곧게 하라고 광야
에서 외치는 자의 소리로라 하니라
24 그들은 바리새인들이 보낸 자라
25 또 물어 이르되 네가 만일 그리스도도 아니요 엘리야도 아니요 그 선지
자도 아닐진대 어찌하여 세례를 베푸느냐
26 요한이 대답하되 나는 물로 세례를 베풀거니와 너희 가운데 너희가 알
지 못하는 한 사람이 섰으니
27 곧 내 뒤에 오시는 그이라 나는 그의 신발끈을 풀기도 감당하지 못하
겠노라 하더라
28 이 일은 요한이 세례 베풀던 곳 요단 강 건너편 베다니에서 일어난 일
이니라

오늘의 묵상 오늘날 교회에는 자신이 주인인지 종인지 분간하지 못하는 사람들이 많다. 처음에는 겸손했다가 교회가 커지니까 자신이 마치 주인인 양 착각하는 목회자들이 있는가 하면, 교회에 크게 헌신했다고 생각하며 주인 행세를 하려는 성도들도 있다. 이런 사람들은 교회를 자신의 이익을 위해 사유화하려고 든다. 이러한 현상은 자신의 본분이 하나님의 종임을 잊어버린 결과라 하겠다. 본문의 세례 요한은 그렇지 않았다. 요한은 유명해졌지만 자기 자신에 대한 분명한 인식을 가지고 있었다. 요한은 자신이 비천한 종이며 그리스도가 오시는 길을 준비하는 자임을 공표했다 오늘을 사는 그리스도인도 철저히 주님의 종 된 신분을 망각하지 않아야 한다. 어떠한 경우라도 예수님이 받으셔야 할 영광을 우리가 가로채는 일이 없어야 한다. 예수님은 우리와 절대로 비교할 수 없는 하나님이심을 깨닫고 그분을 위해 살아갈 수 있음에 감사하도록 하자.

요한복음 1:29-42

세례 요한의 예수님 소개

년 월 일

본문 요약 I 오늘 본문은 세례 요한의 예수님 소개다. 예수 그리스도는 세상 죄를 지고 가는 하나님의 어린 양이시고, 성령으로 세례를 베푸는 이시며, 하나님의 아들이시다. 요한의 두 제자도 그의 소개를 통해 예수님을 따르게 된다. 예수님이 누구신가에 대한 확신이 분명했기에 세례 요한은 자신의 사명을 온전히 감당할 수 있었다.

29 이튿날 요한이 예수께서 자기에게 나아오심을 보고 이르되 보라 세상
죄를 지고 가는 하나님의 어린 양이로다
30 내가 전에 말하기를 내 뒤에 오는 사람이 있는데 나보다 앞선 것은
그가 나보다 먼저 계심이라 한 것이 이 사람을 가리킴이라
31 나도 그를 알지 못하였으나 내가 와서 물로 세례를 베푸는 것은 그를
이스라엘에 나타내려 함이라 하니라
32 요한이 또 증언하여 이르되 내가 보매 성령이 비둘기 같이 하늘로부터
내려와서 그의 위에 머물렀더라
33 나도 그를 알지 못하였으나 나를 보내어 물로 세례를 베풀라 하신 그
이가 나에게 말씀하시되 성령이 내려서 누구 위에든지 머무는 것을 보
거든 그가 곧 성령으로 세례를 베푸는 이인 줄 알라 하셨기에
34 내가 보고 그가 하나님의 아들이심을 증언하였노라 하니라
35 또 이튿날 요한이 자기 제자 중 두 사람과 함께 섰다가
36 예수께서 거니심을 보고 말하되 보라 하나님의 어린 양이로다
37 두 제자가 그의 말을 듣고 예수를 따르거늘
38 예수께서 돌이켜 그 따르는 것을 보시고 물어 이르시되 무엇을 구하느
냐 이르되 랍비여 어디 계시오니이까 하니 (랍비는 번역하면 선생이라)
39 예수께서 이르시되 와서 보라 그러므로 그들이 가서 계신 데를 보고 그
날 함께 거하니 때가 열 시쯤 되었더라
40 요한의 말을 듣고 예수를 따르는 두 사람 중의 하나는 시몬 베드로의
형제 안드레라
41 그가 먼저 자기의 형제 시몬을 찾아 말하되 우리가 메시야를 만났다
하고 (메시야는 번역하면 그리스도라)

42 데리고 예수께로 오니 예수께서 보시고 이르시되 네가 요한의 아들 시
몬이니 장차 게바라 하리라 하시니라 (게바는 번역하면 베드로라)

오늘의 묵상 예수님에 대해 계시를 받고 주의 길을 준비하러 왔던 세례 요한은 예수님을 알아보고 지체 없이 그가 하나님의 어린 양임을 선포한다. 또한 자신을 따르던 제자들에게 소개하여 예수님을 따르도록 권한다. 자신의 제자들을 포함하여 자기가 가진 모든 것을 내어드리며 끝까지 준비하는 자로서의 사명을 완수하고 있는 아름다운 모습이다. 본문을 통해 배우는 것은 세례 요한처럼 예수님에 대한 분명한 확신이 있을수록 자신의 위치를 지키며 끝까지 사명을 완수한다는 것이다. 사실 우리가 주님이 누구신가에 대한 확신이 약하기 때문에 자기를 드러내려 하고 교만해지는 것이다. 주님은 우리의 주인이시요 모든 것을 취하셔야 하는 영광된 분이시다. 주님에 대해 분명히 확신하고 성경말씀을 통해 더욱 배워 가야 한다. 이것이 내 인생을 지키는 유일한 길이다.

요한복음 1:43-51

빌립과 나다나엘

년 월 일

본문 요약 I 빌립과 나다나엘이 예수님의 제자가 된다. 나다나엘은 예수님의 출신 배경에 대해서 듣고 부정적인 반응을 보인다. 그러나 직접 예수님을 만나자 자신의 은밀한 삶까지도 아시는 그분을 하나님의 아들로 인정한다. 예수님의 비천한 출신 배경은 그분의 제자들에게조차도 문제가 되었다. 그러나 하나님은 인간의 상식을 초월해 일하신다.

43 이튿날 예수께서 갈릴리로 나가려 하시다가 빌립을 만나 이르시되 나
를 따르라 하시니
44 빌립은 안드레와 베드로와 한 동네 벳새다 사람이라
45 빌립이 나다나엘을 찾아 이르되 모세가 율법에 기록하였고 여러 선지
자가 기록한 그이를 우리가 만났으니 요셉의 아들 나사렛 예수니라
46 나다나엘이 이르되 나사렛에서 무슨 선한 것이 날 수 있느냐 빌립이
이르되 와서 보라 하니라
47 예수께서 나다나엘이 자기에게 오는 것을 보시고 그를 가리켜 이르시
되 보라 이는 참으로 이스라엘 사람이라 그 속에 간사한 것이 없도다
48 나다나엘이 이르되 어떻게 나를 아시나이까 예수께서 대답하여 이르시
되 빌립이 너를 부르기 전에 네가 무화과나무 아래에 있을 때에 보았
노라
49 나다나엘이 대답하되 랍비여 당신은 하나님의 아들이시요 당신은 이
스라엘의 임금이로소이다
50 예수께서 대답하여 이르시되 내가 너를 무화과나무 아래에서 보았다
하므로 믿느냐 이보다 더 큰 일을 보리라
51 또 이르시되 진실로 진실로 너희에게 이르노니 하늘이 열리고 하나님의
사자들이 인자 위에 오르락 내리락 하는 것을 보리라 하시니라

오늘의 묵상

경건한 사람도 인간이 지닌 편견과 한계를 그대로 드러내 보일 때가 있다. 본문의 나다나엘은 예수님을 만나기 전에 이미 무화과나무 아래서 홀로 경건한 생활을 하는 사람이었지만, 예수님을 외모로만 취하는 우를 범하고 말았다. 신앙이 좋고 경건하다고 해서 모든 인간적인 약점을 극복하는 것은 아니다. 우리도 주변에서 가끔 믿음 좋은 사람이 어리석은 선택이나 모습을 보이는 것을 볼 때가 있다. 인간이기에 그런 것이다! 그때는 너무 정죄하기보다는 이해하고 격려하는 마음이 필요할 것이다. 한편, 인간은 누군가를 평가할 때 나다나엘처럼 외적인 조건으로 평가할 때가 많다. 그러나 조건을 따라 사람을 대하면 강자에겐 약하고 약자에겐 강한 인간의 죄성이 그대로 드러나기 쉽다. 그래서 성경은 사람을 대할 때 하나님의 피조물로 평등하게 대할 것을 권면한다(참조. 갈 3:28). 외적 조건을 따라 사람을 차별하지 말아야 한다.

첫 표적

년 월 일

본문 요약 | 예수님이 갈릴리 가나에서 열린 혼례에 참석하셨다가 물로 포도주를 만드는 첫 표적을 행하신다. 예수님은 어머니가 잔칫집에 포도주가 떨어진 곤란한 상황을 해결해 줄 것을 부탁하자 이를 들어주신다. 요한은 이 사건을 기록함으로 사람들의 필요를 채워 주시는 예수님의 은혜로우신 모습을 보여준다.

1 사흘째 되던 날 갈릴리 가나에 혼례가 있어 예수의 어머니도 거기
계시고 2 예수와 그 제자들도 혼례에 청함을 받았더니 3 포도주가
떨어진지라 예수의 어머니가 예수에게 이르되 저들에게 포도주가 없
다 하니 4 예수께서 이르시되 여자여 나와 무슨 상관이 있나이까 내
때가 아직 이르지 아니하였나이다 5 그의 어머니가 하인들에게 이르
되 너희에게 무슨 말씀을 하시든지 그대로 하라 하니라 6 거기에 유
대인의 정결 예식을 따라 두세 통 드는 돌항아리 여섯이 놓였는지라
7 예수께서 그들에게 이르시되 항아리에 물을 채우라 하신즉 아귀까
지 채우니 8 이제는 떠서 연회장에게 갖다 주라 하시매 갖다 주었더
니 9 연회장은 물로 된 포도주를 맛보고도 어디서 났는지 알지 못하되
물 떠온 하인들은 알더라 연회장이 신랑을 불러 10 말하되 사람마
다 먼저 좋은 포도주를 내고 취한 후에 낮은 것을 내거늘 그대는 지금
까지 좋은 포도주를 두었도다 하니라 11 예수께서 이 첫 표적을 갈릴
리 가나에서 행하여 그의 영광을 나타내시매 제자들이 그를 믿으니라
12 그 후에 예수께서 그 어머니와 형제들과 제자들과 함께 가버나움으
로 내려가셨으나 거기에 여러 날 계시지는 아니하시니라

오늘의 묵상

요한복음에는 예수님이 하나님의 아들이심을 믿게 하려는 일곱 개의 표적이 등장한다. 그중 오늘 본문에 나타난 첫 표적의 의미는 무엇일까? 요한은 본서 1장에서 예수 그리스도를 소개하면서 그분이 '은혜와 진리가 충만하신' 분이라고 강조했었다(14, 17절). 그중에 오늘 본문은 예수님이 얼마나 은혜로우신 분이신가를 설명하는 사건에 해당한다. 즉, 본 사건은 거절하셔도 되는 일을 해주시는 예수님의 은혜로우신 모습을 보여준다. 기독교는 폭이 넓어야 한다. 진리는 수정해서는 안 되지만 그리스도인의 삶은 좀 더 관대하고 넉넉해야 한다. 때로 진리를 안다고 하는 사람들이 더 융통성이나 포용력이 없이 고집이 센 경우를 볼 수 있다. 그러나 명분이 약한 일도 도와주시고 포용하시는 분이 바로 주님이시다. 예수님을 따르는 사람이라면 때론 너무 따지지 말고 다른 사람을 포용할 줄도 알아야 한다.

요한복음 2:13-22 성전을 깨끗게 하신 예수님

년 월 일

본문 요약 | 유대인의 명절인 유월절에 예루살렘에 올라가신 예수님이 성전에서 장사하는 사람들을 모두 내쫓으신다. 유대인들이 무슨 권리로 이러한 일을 행하냐고 묻자, 예수님은 성전의 진정한 의미가 예수님의 부활 사건으로 이루어질 것임을 암시하신다. 예수님은 진리를 수호하고 가르치는 면에서는 엄격한 태도를 보이셨다.

13 유대인의 유월절이 가까운지라 예수께서 예루살렘으로 올라가셨더니
14 성전 안에서 소와 양과 비둘기 파는 사람들과 돈 바꾸는 사람들이 앉
아 있는 것을 보시고
15 노끈으로 채찍을 만드사 양이나 소를 다 성전에서 내쫓으시고 돈 바꾸
는 사람들의 돈을 쏟으시며 상을 엎으시고
16 비둘기 파는 사람들에게 이르시되 이것을 여기서 가져가라 내 아버지
의 집으로 장사하는 집을 만들지 말라 하시니
17 제자들이 성경 말씀에 주의 전을 사모하는 열심이 나를 삼키리라 한
것을 기억하더라
18 이에 유대인들이 대답하여 예수께 말하기를 네가 이런 일을 행하니
무슨 표적을 우리에게 보이겠느냐
19 예수께서 대답하여 이르시되 너희가 이 성전을 헐라 내가 사흘 동안
에 일으키리라
20 유대인들이 이르되 이 성전은 사십육 년 동안에 지었거늘 네가 삼 일
동안에 일으키겠느냐 하더라
21 그러나 예수는 성전된 자기 육체를 가리켜 말씀하신 것이라
22 죽은 자 가운데서 살아나신 후에야 제자들이 이 말씀하신 것을 기억
하고 성경과 예수께서 하신 말씀을 믿었더라

오늘의 묵상 본문에서 예수님은 당시 성전에서 벌어지는 장사하는 행위에 대해 추상같은 노를 발하셨다. 성경 다른 곳에서는 예수님이 이렇게 화를 내신 모습을 발견할 수 없다. 앞서 잔칫집에서는 물로 포도주를 만들어 주실 만큼 관대함을 보이셨던 예수님이 이번에는 반대로 분노를 표출하셨다. 그만큼 성전(교회)이 세속화되어 가는 일이 심각한 문제임을 알리시려 한 것이다. 교회는 거룩한 하나님의 공동체로 세속화를 경계해야 한다. 세상에서 쉽게 받아들여지는 일도 교회에서는 신중해야 한다. 교회가 세상을 따라가고 타락하면 세상에는 더 이상 소망이 없다. 신앙이 인간의 이익을 추구하는 자리로 변질된다면 그것이 바로 당시 성전 안에서 사고팔고 하는 사람들의 모습과 같은 것이다. 기독교를 팔고 신앙을 팔아 자기의 이익을 보려고 하는 그 어떤 사람이나 단체로부터도 단호히 멀어져야 할 것이다.

요한복음 2:23-3:8 예수님과 니고데모의 대화

년 월 일

본문 요약 | 사람들의 마음을 속속들이 아시는 예수님이 자신을 찾아온 니고데모와 대화를 나누신다. 예수님을 알아본 니고데모에게 예수님은 사람이 물과 성령으로 거듭나야 하나님 나라에 들어갈 수 있다고 말씀하신다. 성령으로 거듭나는 것은 마치 바람 같아서 그 실체는 보이지 않으나 분명히 존재한다

23 유월절에 예수께서 예루살렘에 계시니 많은 사람이 그의 행하시
는 표적을 보고 그의 이름을 믿었으나 24 예수는 그의 몸을 그들에게
의탁하지 아니하셨으니 이는 친히 모든 사람을 아심이요 25 또 사람
에 대하여 누구의 증언도 받으실 필요가 없었으니 이는 그가 친히 사
람의 속에 있는 것을 아셨음이니라 1 그런데 바리새인 중에 니고데모
라 하는 사람이 있으니 유대인의 지도자라 2 그가 밤에 예수께 와서
이르되 랍비여 우리가 당신은 하나님께로부터 오신 선생인 줄 아나이
다 하나님이 함께 하시지 아니하시면 당신이 행하시는 이 표적을 아무
도 할 수 없음이니이다 3 예수께서 대답하여 이르시되 진실로 진실로
네게 이르노니 사람이 거듭나지 아니하면 하나님의 나라를 볼 수 없느
니라 4 니고데모가 이르되 사람이 늙으면 어떻게 날 수 있사옵나이까
두 번째 모태에 들어갔다가 날 수 있사옵나이까 5 예수께서 대답하
시되 진실로 진실로 네게 이르노니 사람이 물과 성령으로 나지 아니하
면 하나님의 나라에 들어갈 수 없느니라 6 육으로 난 것은 육이요 영
으로 난 것은 영이니 7 내가 네게 거듭나야 하겠다 하는 말을 놀랍
게 여기지 말라 8 바람이 임의로 불매 네가 그 소리는 들어도 어디서
와서 어디로 가는지 알지 못하나니 성령으로 난 사람도 다 그러하니라

오늘의 묵상 오늘 본문에서 예수님께서는 사람이 거듭나야 함을 가르치신다. 이 거듭남은 성령에 의해 이루어지는 일이라고 말씀하신다. 그리고 사람이 거듭나지 않으면 하나님의 나라를 볼 수 없다고 말씀하신다. 이 세상에는 두 부류의 사람이 있다. 성령으로 거듭난 사람과 그렇지 않은 사람이다. 예수 그리스도를 나의 삶의 주인으로 시인하고 그분을 진정으로 믿는 자가 바로 성령으로 거듭난 사람이다(고전 12:3). 그렇다면 이 거듭남을 어떻게 확인할 수 있는가? 물론 자신이 스스로 확인할 수 있다. 누구보다도 내 속마음을 내가 잘 알기 때문이다. 더 나아가 나에게 성령의 열매가 맺히는지를 보면 알 수 있다. 본문에도 예수님은 성령으로 난 사람을 바람에 비유했다. 바람은 출처를 알 수는 없으나 그 소리로 존재 여부를 알 수 있다. 이처럼 성령으로 난 사람도 열매로 확인할 수 있다(갈 5:22-23). 당신은 거듭난 하나님의 사람인가?

요한복음 3:9-21 유일한 구원의 방편, 예수 그리스도

년 월 일

본문 요약 | 어떻게 영적으로 태어날 수 있느냐고 묻는 니고데모에게 예수님은 하나님의 아들을 믿는 믿음으로 구원을 얻는다고 말씀하신다. 하나님은 세상을 사랑하시어 독생자를 주시고, 그를 믿는 자마다 멸망하지 않고 영생을 얻게 해주셨다. 예수 그리스도를 믿는 것 외에는 그 어떤 구원의 방법은 없다.

9 니고데모가 대답하여 이르되 어찌 그러한 일이 있을 수 있나이까
10 예수께서 그에게 대답하여 이르시되 너는 이스라엘의 선생으로서 이
러한 것들을 알지 못하느냐 11 진실로 진실로 네게 이르노니 우리는
아는 것을 말하고 본 것을 증언하노라 그러나 너희가 우리의 증언을
받지 아니하는도다 12 내가 땅의 일을 말하여도 너희가 믿지 아니하
거든 하물며 하늘의 일을 말하면 어떻게 믿겠느냐 13 하늘에서 내려
온 자 곧 인자 외에는 하늘에 올라간 자가 없느니라 14 모세가 광야
에서 뱀을 든 것 같이 인자도 들려야 하리니 15 이는 그를 믿는 자마
다 영생을 얻게 하려 하심이니라 16 하나님이 세상을 이처럼 사랑하
사 독생자를 주셨으니 이는 그를 믿는 자마다 멸망하지 않고 영생을
얻게 하려 하심이라 17 하나님이 그 아들을 세상에 보내신 것은 세상
을 심판하려 하심이 아니요 그로 말미암아 세상이 구원을 받게 하려
하심이라 18 그를 믿는 자는 심판을 받지 아니하는 것이요 믿지 아니
하는 자는 하나님의 독생자의 이름을 믿지 아니하므로 벌써 심판을 받
은 것이니라 19 그 정죄는 이것이니 곧 빛이 세상에 왔으되 사람들이
자기 행위가 악하므로 빛보다 어둠을 더 사랑한 것이니라 20 악을 행
하는 자마다 빛을 미워하여 빛으로 오지 아니하나니 이는 그 행위가
드러날까 함이요 21 진리를 따르는 자는 빛으로 오나니 이는 그 행위가
하나님 안에서 행한 것임을 나타내려 함이라 하시니라

오늘의 묵상 예수 그리스도는 유일한 구원의 길이시다(행 4:12). 예수 그리스도 외에는 모두 가짜다(10:8-9). 이것은 성경의 명백한 가르침이다. 사람들은 이 사실을 좋아하지 않는다. 기독교가 타 종교를 인정하지 않는 교만하고 배타적인 종교라고 지적한다. 그러나 원래 진리는 배타적 성격을 갖는다. 절대적 진리는 예외를 인정하지 않는다. 예를 들어 '사람이 죽는다'는 사실은 예외가 없다. 이처럼 진정한 진리는 분명하게 드러난다. 우리가 이 사실에 기분이 나쁘고 안 나쁘고 하는 것은 부차적인 문제다. 중요한 것은 진정으로 절대적인 진리가 존재한다면 우리가 거기에 맞추어야 한다는 것이다. 진리는 양보할 수도 없으며, 사람들이 더 많은 지지를 보내는 쪽을 선택할 수도 없다. 따라서 진리를 믿는 자들은 세상에서 때로 고독할 수밖에 없다. 그러나 세상이 알아주지 않아도 끝까지 진리이신 주님을 붙드는 성도가 되어야 한다.

요한복음 3:22-36

세례 요한의 기쁨

년 월 일

본문 요약 | 사람들이 예수께 세례를 받으러 가자, 세례 요한의 제자들이 이를 불만스럽게 생각한다. 그러나 세례 요한은 그리스도는 점점 더 위대해져서 흥할 것이며, 자신은 신랑의 친구로서 신랑 되신 예수님이 받으시는 영광을 기뻐한다고 말한다. 자신의 명예와 인기가 아닌, 하나님의 영광만을 추구하는 요한의 모습을 볼 수 있다.

22 그 후에 예수께서 제자들과 유대 땅으로 가서 거기 함께 유하시며 세
례를 베푸시더라
23 요한도 살렘 가까운 애논에서 세례를 베푸니 거기 물이 많음이라 그러
므로 사람들이 와서 세례를 받더라
24 요한이 아직 옥에 갇히지 아니하였더라
25 이에 요한의 제자 중에서 한 유대인과 더불어 정결예식에 대하여 변
론이 되었더니
26 그들이 요한에게 가서 이르되 랍비여 선생님과 함께 요단 강 저편에
있던 이 곧 선생님이 증언하시던 이가 세례를 베풀매 사람이 다 그에
게로 가더이다
27 요한이 대답하여 이르되 만일 하늘에서 주신 바 아니면 사람이 아무
것도 받을 수 없느니라
28 내가 말한 바 나는 그리스도가 아니요 그의 앞에 보내심을 받은 자라고
한 것을 증언할 자는 너희니라
29 신부를 취하는 자는 신랑이나 서서 신랑의 음성을 듣는 친구가 크게
기뻐하나니 나는 이러한 기쁨으로 충만하였노라
30 그는 흥하여야 하겠고 나는 쇠하여야 하리라 하니라
31 위로부터 오시는 이는 만물 위에 계시고 땅에서 난 이는 땅에 속하여
땅에 속한 것을 말하느니라 하늘로부터 오시는 이는 만물 위에 계시나니
32 그가 친히 보고 들은 것을 증언하되 그의 증언을 받는 자가 없도다
33 그의 증언을 받는 자는 하나님이 참되시다는 것을 인쳤느니라
34 하나님이 보내신 이는 하나님의 말씀을 하나니 이는 하나님이 성령을
한량 없이 주심이니라

35 아버지께서 아들을 사랑하사 만물을 다 그의 손에 주셨으니
36 아들을 믿는 자에게는 영생이 있고 아들에게 순종하지 아니하는 자는
영생을 보지 못하고 도리어 하나님의 진노가 그 위에 머물러 있느니라

오늘의 묵상 세례 요한은 조연의 기쁨이 넘쳤던 사람이었다. 비록 자신이 주인공은 아니었지만 그리스도께 모든 영광이 돌아가고 그분이 점점 더 흥하여 높임을 받는 것을 매우 기뻐했다. 요한은 그리스도께 영광이 돌아갈 수만 있다면 자신은 점점 쇠하여 감추어지고 잊혀져도 아무 상관없다고 고백했다(30절). 바울이 빌립보서에서 고백하는 내용도 이와 같다. 바울은 복음이 증거될 수만 있다면 자신은 어떻게 되어도 좋다고 말했다(빌 1:18). 주님의 일을 하면서도 자신이 드러나지 않으면 참지 못하는 경우가 있다. 말로는 우리가 주님의 도구요 종이라고 하면서도 실제로는 자기가 대접을 받고 영광을 스스로 취하려고 하는 것이 인간이다. 당신은 하나님께만 영광이 된다면 당신이 드러나지 않아도 좋다고 생각하는가? 남들이 인정해 주지 않아도 상관없는가? 주님의 영광을 위하여 기꺼이 조연의 기쁨, 잊혀가는 기쁨을 음미할 수 있는 성도가 되자.

요한복음 4:1-15

사마리아 여자

년 월 일

본문 요약 | 예수님은 유대를 떠나 갈릴리로 가시는 길에 사마리아에 있는 수가라는 동네에 이르신다. 그곳에서 물을 길러 나온 사마리아 여자를 만나 물을 좀 달라 청하신다. 그리고는 영원히 목마르지 않는 물에 대해 말씀하신다. 육신의 목마름보다 더 중요한 것은 영적 목마름이다. 영적 목마름을 해소하지 못하면 만족이 없다.

1 예수께서 제자를 삼고 세례를 베푸시는 것이 요한보다 많다 하는 말
을 바리새인들이 들은 줄을 주께서 아신지라
2 (예수께서 친히 세례를 베푸신 것이 아니요 제자들이 베푼 것이라)
3 유대를 떠나사 다시 갈릴리로 가실새
4 사마리아를 통과하여야 하겠는지라
5 사마리아에 있는 수가라 하는 동네에 이르시니 야곱이 그 아들 요셉에
게 준 땅이 가깝고
6 거기 또 야곱의 우물이 있더라 예수께서 길 가시다가 피곤하여 우물
곁에 그대로 앉으시니 때가 여섯 시쯤 되었더라
7 사마리아 여자 한 사람이 물을 길으러 왔으매 예수께서 물을 좀 달라
하시니
8 이는 제자들이 먹을 것을 사러 그 동네에 들어갔음이러라
9 사마리아 여자가 이르되 당신은 유대인으로서 어찌하여 사마리아 여
자인 나에게 물을 달라 하나이까 하니 이는 유대인이 사마리아인과
상종하지 아니함이러라
10 예수께서 대답하여 이르시되 네가 만일 하나님의 선물과 또 네게 물
좀 달라 하는 이가 누구인 줄 알았더라면 네가 그에게 구하였을 것이
요 그가 생수를 네게 주었으리라
11 여자가 이르되 주여 물 길을 그릇도 없고 이 우물은 깊은데 어디서 당
신이 그 생수를 얻겠사옵나이까
12 우리 조상 야곱이 이 우물을 우리에게 주셨고 또 여기서 자기와 자기
아들들과 짐승이 다 마셨는데 당신이 야곱보다 더 크니이까
13 예수께서 대답하여 이르시되 이 물을 마시는 자마다 다시 목마르려니와

14 내가 주는 물을 마시는 자는 영원히 목마르지 아니하리니 내가 주는
물은 그 속에서 영생하도록 솟아나는 샘물이 되리라
15 여자가 이르되 주여 그런 물을 내게 주사 목마르지도 않고 또 여기 물
길으러 오지도 않게 하옵소서

오늘의 묵상 예수님은 의도적으로 사마리아로 지나가셨다. 바로 사마리아 여자를 구원하시기 위해서다. 이것은 예수님 개인의 명성을 위해서는 당시로서는 좋은 선택이 아니었다. 유대인은 사마리아인과 상종을 하지 않았기 때문이다. 더군다나 상종하는 사람들을 비방했다. 그러나 예수님은 개의치 않으시고 그곳을 지나가셨다. 이처럼 복음 안에서 타인을 위한다는 것은 복음을 전하는 자의 '희생'이 전제된다. "선한 사마리아인의 비유"에서도 나타나듯이, 선을 행하는 자는 여러 가지 번거로움과 비용을 지불하게 된다. 사실 행하는 자의 입장에서 하는 선행은 선행이 아니다. 자기를 드러내기 위한 방법일 뿐이다. 그래서 예수님은 구제할 때 오른손이 하는 일을 왼손이 모르게 하라고 말씀하신 것이다. 복음을 위해 내가 희생하고 지불하고 있는 대가가 무엇인가를 점검해 보라. 만약 손해보는 것이 없다면 나의 헌신이 진정한 헌신인지 재고해 보아야 한다.

요한복음 4:16-27

진정한 예배

년 월 일

본문 요약 | 자신의 남편에 대한 이야기를 통해 여자는 예수님이 범상치 않은 선지자이심을 깨닫고 평소 궁금했던 예배의 장소에 관하여 질문한다. 그러나 예수님은 예배의 장소가 문제가 아니라 영과 진리로 예배드리는 자세가 더 중요하다고 강조하신다. 예배의 장소나 형식도 중요하지만, 진정 중요한 것은 예배의 내용이다.

16 이르시되 가서 네 남편을 불러 오라 17 여자가 대답하여 이르되 나
는 남편이 없나이다 예수께서 이르시되 네가 남편이 없다 하는 말이
옳도다 18 너에게 남편 다섯이 있었고 지금 있는 자도 네 남편이 아
니니 네 말이 참되도다 19 여자가 이르되 주여 내가 보니 선지자로소
이다 20 우리 조상들은 이 산에서 예배하였는데 당신들의 말은 예배
할 곳이 예루살렘에 있다 하더이다 21 예수께서 이르시되 여자여 내
말을 믿으라 이 산에서도 말고 예루살렘에서도 말고 너희가 아버지
께 예배할 때가 이르리라 22 너희는 알지 못하는 것을 예배하고 우
리는 아는 것을 예배하노니 이는 구원이 유대인에게서 남이라 23 아
버지께 참되게 예배하는 자들은 영과 진리로 예배할 때가 오나니 곧
이 때라 아버지께서는 자기에게 이렇게 예배하는 자들을 찾으시느니라
24 하나님은 영이시니 예배하는 자가 영과 진리로 예배할지니라 25 여
자가 이르되 메시야 곧 그리스도라 하는 이가 오실 줄을 내가 아노니
그가 오시면 모든 것을 우리에게 알려 주시리이다 26 예수께서 이르
시되 네게 말하는 내가 그라 하시니라 27 이 때에 제자들이 돌아와서
예수께서 여자와 말씀하시는 것을 이상히 여겼으나 무엇을 구하시나이
까 어찌하여 그와 말씀하시나이까 묻는 자가 없더라

오늘의 묵상 예수님은 우리의 예배가 영과 진리로 드려지는 예배가 되어야 한다고 강조하신다. 그 이유는 '하나님은 영이시기' 때문이다. '하나님은 영이시라'는 표현에는 하나님이 우리의 모든 영적인 일을 속속들이 아신다는 의미가 들어 있다. 그러므로 겉치레로만 하나님을 경배하고 예배하는 것은 무의미하다. 하나님은 우리의 중심이 하나님을 향하여 예배하기를 원하신다. 또한 '하나님은 영이시라'는 표현 속에는 하나님이 보이지 않으신다는 의미가 들어 있다. 하나님의 역사는 분명하게 드러나 보이시 않을 때가 많다. 그래서 어떤 때는 하나님이 안 계신 것처럼 생각될 때가 있다. 이처럼 보이지 않으시기에 사람들은 하나님을 자꾸 보이는 형상으로 만들려고 한다. 하나님은 이것을 우상숭배로 명하시고 엄히 금지하셨다. 안 보인다고 해서 안 계신 것이 아니다. 우리도 모세처럼 보이지 않는 하나님을 보이는 것같이 섬겨야 한다(히 11:27).

요한복음 4:28-42

참된 양식

년 월 일

본문 요약 | 여자가 마을로 예수님을 증언하러 간 동안 예수님은 제자들에게 하나님의 뜻을 행하는 것이 자신의 양식이라고 말씀하신다. 이어서 영적인 추수의 시기가 되었음을 말씀하시며, 그것이 제자들의 사명임도 언급하신다. 한편, 여자의 증언으로 많은 사마리아인이 예수님을 영접한다. 예수님은 하나님의 뜻을 행하시는 것을 가장 우선적인 일로 여기셨다.

28 여자가 물동이를 버려 두고 동네로 들어가서 사람들에게 이르되
29 내가 행한 모든 일을 내게 말한 사람을 와서 보라 이는 그리스도가 아
니냐 하니
30 그들이 동네에서 나와 예수께로 오더라
31 그 사이에 제자들이 청하여 이르되 랍비여 잡수소서
32 이르시되 내게는 너희가 알지 못하는 먹을 양식이 있느니라
33 제자들이 서로 말하되 누가 잡수실 것을 갖다 드렸는가 하니
34 예수께서 이르시되 나의 양식은 나를 보내신 이의 뜻을 행하며 그의 일
을 온전히 이루는 이것이니라
35 너희는 넉 달이 지나야 추수할 때가 이르겠다 하지 아니하느냐 그러
나 나는 너희에게 이르노니 너희 눈을 들어 밭을 보라 희어져 추수하게
되었도다
36 거두는 자가 이미 삯도 받고 영생에 이르는 열매를 모으나니 이는 뿌리
는 자와 거두는 자가 함께 즐거워하게 하려 함이라
37 그런즉 한 사람이 심고 다른 사람이 거둔다 하는 말이 옳도다
38 내가 너희로 노력하지 아니한 것을 거두러 보내었노니 다른 사람들은
노력하였고 너희는 그들이 노력한 것에 참여하였느니라
39 여자의 말이 내가 행한 모든 것을 그가 내게 말하였다 증언하므로 그
동네 중에 많은 사마리아인이 예수를 믿는지라
40 사마리아인들이 예수께 와서 자기들과 함께 유하시기를 청하니 거기
서 이틀을 유하시매
41 예수의 말씀으로 말미암아 믿는 자가 더욱 많아
42 그 여자에게 말하되 이제 우리가 믿는 것은 네 말로 인함이 아니니 이

는 우리가 친히 듣고 그가 참으로 세상의 구주신 줄 앎이라 하였더라

오늘의 묵상 오늘 본문에서 예수님은 자연의 이치를 넘어서는 영적인 일에 대한 관점을 소개하신다. 자연적인 추수는 기간을 계산하지만 영적인 추수는 그렇지 않다. 인간적인 생각으로 그 시간을 계산하지 말라는 것이다. 당시 제자들은 사마리아 전도가 시기상조라고 느꼈을 것이다. 그러나 예수님은 영적인 추수의 시급함을 본문에서 말씀하신다. 36절에 보면, 거두는 자가 이미 삯을 받았다고 하신다. 보통 삯은 일을 마친 다음에 받는 것이지만 이미 받았다는 말씀은 그만큼 영적인 추수가 시급함을 보여준다. 우리도 예수님이 한 사마리아 여자와 많은 사마리아 사람들을 전도하신 것을 기억하며, 내 생각으로 어떤 사람의 구원의 시기를 저울질하지 말아야 한다. '때를 얻든지 못 얻든지' 복음 전파에 힘쓰고(딤후 4:2), 내 생각으로 주님의 일을 판단하지 말아야 한다. 내 상식이나 경험과 달라도 언제나 열린 마음을 가지고 주의 일을 대할 수 있어야 한다.

요한복음 4:43-54 예수님의 두번째 표적

년 월 일

본문 요약 | 오늘 본문은 예수님이 갈릴리 가나에서 왕의 신하의 아들을 고쳐 주시는 내용이다. 아들이 중병에 걸려 죽기 직전인 왕의 신하는 예수님을 찾아와 함께 가 주실 것을 청한다. 예수님은 말씀으로 그 아들의 병을 고쳐 주신다. 예수님은 기적을 보지 않으면 믿지 않는 세태를 한탄하셨다.

43 이틀이 지나매 예수께서 거기를 떠나 갈릴리로 가시며 44 친히 증
언하시기를 선지자가 고향에서는 높임을 받지 못한다 하시고 45 갈
릴리에 이르시매 갈릴리인들이 그를 영접하니 이는 자기들도 명절에
갔다가 예수께서 명절중 예루살렘에서 하신 모든 일을 보았음이더라
46 예수께서 다시 갈릴리 가나에 이르시니 전에 물로 포도주를 만드신
곳이라 왕의 신하가 있어 그의 아들이 가버나움에서 병들었더니 47 그
가 예수께서 유대로부터 갈릴리로 오셨다는 것을 듣고 가서 청하되 내
려오셔서 내 아들의 병을 고쳐 주소서 하니 그가 거의 죽게 되었음이
라 48 예수께서 이르시되 너희는 표적과 기사를 보지 못하면 도무지
믿지 아니하리라 49 신하가 이르되 주여 내 아이가 죽기 전에 내려오
소서 50 예수께서 이르시되 가라 네 아들이 살아 있다 하시니 그 사
람이 예수께서 하신 말씀을 믿고 가더니 51 내려가는 길에서 그 종들
이 오다가 만나서 아이가 살아 있다 하거늘 52 그 낫기 시작한 때를
물은즉 어제 일곱 시에 열기가 떨어졌나이다 하는지라 53 그의 아버
지가 예수께서 네 아들이 살아 있다 말씀하신 그 때인 줄 알고 자기
와 그 온 집안이 다 믿으니라 54 이것은 예수께서 유대에서 갈릴리
로 오신 후에 행하신 두 번째 표적이니라

오늘의 묵상 예수님은 자신을 인격적으로 믿기보다는 기적만을 바라는 세태에 실망감을 표현하셨지만, 왕의 신하의 청을 들어주신다. 비록 온전하지 않은 믿음이었지만 그것이 그와 온 가족이 예수 그리스도를 믿고 영접하는 계기가 되게 하신다(53절). 주님은 때로는 부족한 믿음에서 요청하는 일도 들어주시는 은혜로운 분이시다. 우리도 주변의 형제자매들을 보며 완전하지 않아도 보아 넘길 수 있는 마음을 가져야 한다. 먼저 성숙한 자들의 인내와 사랑으로 아직 미숙한 사람들이 믿음을 얻고 또 그 믿음이 자라 감을 볼 수 있다. 또한 예수님은 직접 '내려오셔서'(47절) 치료해 달라는 왕의 신하의 요청에 대해 말씀으로 응답하신다(50절). 당장 내 눈앞에서 확인되는 기적과 표적에만 매달리는 신앙은 온전하지 못하다. 비록 예수님의 말씀이 증명되지 않아 보여도 그것을 믿고 나아가는 사람은 왕의 신하처럼 예수님의 능력을 체험하게 될 것이다.

요한복음 5:1-9 서른여덟 해 된 병자를 고치신 예수님

년 월 일

본문 요약 | 명절에 예루살렘에 올라가신 예수님은 베데스다 못 근처에서 38년 동안 병을 앓아온 병자를 고쳐주신다. 베데스다 못에는, 천사가 물을 움직일 때 들어가면 치유가 일어나기 때문에 많은 병자가 모여 있었다. 즉, 오늘 본문은 오랫동안 자신의 힘으로 구원을 받으려 했지만 실패하고 예수님을 만나 진정한 구원을 체험한 사람의 이야기다.

1 그 후에 유대인의 명절이 되어 예수께서 예루살렘에 올라가시니라
2 예루살렘에 있는 양문 곁에 히브리 말로 베데스다라 하는 못이 있는데
거기 행각 다섯이 있고
3 그 안에 많은 병자, 맹인, 다리 저는 사람, 혈기 마른 사람들이 누워
[물의 움직임을 기다리니
4 이는 천사가 가끔 못에 내려와 물을 움직이게 하는데 움직인 후에 먼
저 들어가는 자는 어떤 병에 걸렸든지 낫게 됨이러라]
5 거기 서른여덟 해 된 병자가 있더라
6 예수께서 그 누운 것을 보시고 병이 벌써 오래된 줄 아시고 이르시되
네가 낫고자 하느냐
7 병자가 대답하되 주여 물이 움직일 때에 나를 못에 넣어 주는 사람이
없어 내가 가는 동안에 다른 사람이 먼저 내려가나이다
8 예수께서 이르시되 일어나 네 자리를 들고 걸어가라 하시니
9 그 사람이 곧 나아서 자리를 들고 걸어가니라 이 날은 안식일이니

오늘의 묵상 '베데스다'는 '자비의 집'이란 뜻이다. 안식일에 '자비의 집'에 있으면서도 전혀 안식과 자비를 느끼지 못하는 한 오래된 병자의 이야기가 본문의 요지다. 영국의 로이드 존스 목사는 목회 기간 중 종종 오래된 신자들의 뜻밖의 회심을 자주 경험한다고 고백했다. 이처럼 예수님을 알아보지 못한 채 신앙생활만을 영위하고 있다면 그것보다 불행한 일은 없을 것이다. 한편, 38년 된 병자는 자신의 힘으로는 자신의 병을 고칠 가능성이 전혀 없어서 누군가의 도움을 기대하는 사람이다. 그러나 자신을 포함해서 그 누구도 그를 도울 수 없었다. 물이 움직일 때 서로 먼저 들어가려고 애쓰는 베데스다 못 주변은 치열한 인생의 축소판이라 할 수 있다. 예수님을 만나지 않고는 그 누구도 이 치열한 인생의 각축장에서 진정한 치유와 평화와 자유를 누릴 수 없다. 진정으로 나를 도와주실 분은 예수 그리스도뿐이심을 기억해야 한다.

요한복음 5:10-18 안식일의 참된 의미

년 월 일

본문 요약 I 유대인들은 예수님께 고침을 받아 자리를 들고 걸어가는 38년 된 병자를 보고 안식일 율법을 어기는 행위라고 비난한다. 또한 그 병자를 고친 이가 바로 예수님이란 사실도 알게 되자 이제 예수님을 박해하기 시작한다. 그러나 이 일을 통하여 예수님은 안식일의 참된 의미를 유대인들과 우리에게 가르쳐 주신다.

10 유대인들이 병 나은 사람에게 이르되 안식일인데 네가 자리를 들고 가
는 것이 옳지 아니하니라
11 대답하되 나를 낫게 한 그가 자리를 들고 걸어가라 하더라 하니
12 그들이 묻되 너에게 자리를 들고 걸어가라 한 사람이 누구냐 하되
13 고침을 받은 사람은 그가 누구인지 알지 못하니 이는 거기 사람이 많
으므로 예수께서 이미 피하셨음이라
14 그 후에 예수께서 성전에서 그 사람을 만나 이르시되 보라 네가 나았
으니 더 심한 것이 생기지 않게 다시는 죄를 범하지 말라 하시니
15 그 사람이 유대인들에게 가서 자기를 고친 이는 예수라 하니라
16 그러므로 안식일에 이러한 일을 행하신다 하여 유대인들이 예수를 박
해하게 된지라
17 예수께서 그들에게 이르시되 내 아버지께서 이제까지 일하시니 나도
일한다 하시매
18 유대인들이 이로 말미암아 더욱 예수를 죽이고자 하니 이는 안식일을
범할 뿐만 아니라 하나님을 자기의 친 아버지라 하여 자기를 하나님
과 동등으로 삼으심이러라

오늘의 묵상 유대인들의 신앙은 연약한 자들에게 진정한 안식을 주지 못하는 외형만 남아 있는 것이었다. 그들은 인간을 사랑하고 그들의 형편을 살피기보다는 율법의 규율 준수를 강조했다. 진정한 기독교는 규율 준수나 외형적인 시스템의 강조에 있지 않다. 오히려 사랑과 자비와 같은 보이지 않는 가치들이 중요하다. 원래 안식일도 '아무 일도 하지 않는' 날에 초점이 있지 않다. 예수님은 본문에서 '내 아버지께서 이제까지 일하시니 나도 일한다'고 하셨다(17절). 예수님의 말씀처럼 하나님은 '졸지도 주무시지도' 않으시며 우리를 돌보시는 분이시다(시 121:4). 안식일은 아무 일도 하지 않는 날이 아니라 '선한 일'을 하며 안식하는 날이어야 한다. 자기 자신의 이익을 위한 일을 멈추라는 의미지 선한 일조차도 멈추라는 의미가 아니다. 안식일에도 복음 전파와 이웃을 돌보는 일과 같은 주님을 위한 선한 일은 계속 행해야 한다.

요한복음 5:19-30 하나님과 예수님과의 관계

년 월 일

본문 요약 | 앞에서 하나님을 아버지로 말씀하셨던 예수님이 계속해서 아버지와 자신의 관계를 설명하신다. 아버지와 아들은 모든 일을 함께 나누시고 생명과 심판의 권세를 가지시며 함께 경배를 받으신다. 예수님이 행하신 모든 일들은 아버지 하나님과의 관계 속에서 이루어진 것이다. 그 하나님은 우리에게도 아버지가 되신다.

19 그러므로 예수께서 그들에게 이르시되 내가 진실로 진실로 너희에게 이
르노니 아들이 아버지께서 하시는 일을 보지 않고는 아무 것도 스스로
할 수 없나니 아버지께서 행하시는 그것을 아들도 그와 같이 행하느니라
20 아버지께서 아들을 사랑하사 자기가 행하시는 것을 다 아들에게 보이
시고 또 그보다 더 큰 일을 보이사 너희로 놀랍게 여기게 하시리라
21 아버지께서 죽은 자들을 일으켜 살리심 같이 아들도 자기가 원하는 자
들을 살리느니라
22 아버지께서 아무도 심판하지 아니하시고 심판을 다 아들에게 맡기셨으
니
23 이는 모든 사람으로 아버지를 공경하는 것 같이 아들을 공경하게 하
려 하심이라 아들을 공경하지 아니하는 자는 그를 보내신 아버지도 공
경하지 아니하느니라
24 내가 진실로 진실로 너희에게 이르노니 내 말을 듣고 또 나 보내신 이
를 믿는 자는 영생을 얻었고 심판에 이르지 아니하나니 사망에서 생명
으로 옮겼느니라
25 진실로 진실로 너희에게 이르노니 죽은 자들이 하나님의 아들의 음성을
들을 때가 오나니 곧 이 때라 듣는 자는 살아나리라
26 아버지께서 자기 속에 생명이 있음 같이 아들에게도 생명을 주어 그
속에 있게 하셨고
27 또 인자됨으로 말미암아 심판하는 권한을 주셨느니라
28 이를 놀랍게 여기지 말라 무덤 속에 있는 자가 다 그의 음성을 들을
때가 오나니
29 선한 일을 행한 자는 생명의 부활로, 악한 일을 행한 자는 심판의 부
활로 나오리라

30 내가 아무 것도 스스로 할 수 없노라 듣는 대로 심판하노니 나는 나의 뜻대로 하려 하지 않고 나를 보내신 이의 뜻대로 하려 하므로 내 심판은 의로우니라

오늘의 묵상 예수님은 아버지 하나님과의 긴밀한 관계 속에서만 사역을 행하신다고 선언하셨다(19절). 예수님은 독자적으로 어떤 일을 행하지 않으셨고 아버지와의 관계 속에서만 행하셨다. 물론 아버지 하나님과 아들 하나님의 관계는 독특하다. 하지만 이 관계는 일반적인 성도의 삶에도 확대 적용이 가능하다. 예수님이 하나님을 우리 아버지로 말씀하셨기 때문이다. 그러므로 성도의 삶 속에서 벌어지는 모든 일도 아버지와의 관계 속에서 이루어져야 함을 명심하자. 이 말은 하나님의 영광을 위하여 우리의 삶이 존재해야 한다는 의미다. 만약 독자적 이익을 위해서 행해지는 일이 있다면 그것은 잘못이다. 내가 하는 일이 아버지 하나님을 늘 염두에 두고 행하는지 살펴보아야 한다. 이러한 삶은 결코 자유롭지 못한 삶이 아니다. 오히려 하나님 안에서 행함으로 우리는 무한한 자유를 경험하게 될 것이다(참조. 요 8:32).

요한복음 5:31-39 하나님의 아들이신 예수님

년 월 일

본문 요약 | 예수님이 자신이 하나님의 아들이시라는 증거들을 말씀하신다. 하나님이 친히 행하신 증언, 세례 요한의 증언, 예수님이 행하신 역사들, 그리고 성경의 모든 예언과 말씀은 예수 그리스도를 증언한다. 예수님은 참된 증거를 위해서 스스로 자기를 증거하시는 대신에 객관적인 증언들을 통하여 말씀하신 것이다.

31 내가 만일 나를 위하여 증언하면 내 증언은 참되지 아니하되
32 나를 위하여 증언하시는 이가 따로 있으니 나를 위하여 증언하시는 그
증언이 참인 줄 아노라
33 너희가 요한에게 사람을 보내매 요한이 진리에 대하여 증언하였느니라
34 그러나 나는 사람에게서 증언을 취하지 아니하노라 다만 이 말을 하
는 것은 너희로 구원을 받게 하려 함이니라
35 요한은 켜서 비추이는 등불이라 너희가 한때 그 빛에 즐거이 있기를
원하였거니와
36 내게는 요한의 증거보다 더 큰 증거가 있으니 아버지께서 내게 주사
이루게 하시는 역사 곧 내가 하는 그 역사가 아버지께서 나를 보내신
것을 나를 위하여 증언하는 것이요
37 또한 나를 보내신 아버지께서 친히 나를 위하여 증언하셨느니라 너희
는 아무 때에도 그 음성을 듣지 못하였고 그 형상을 보지 못하였으며
38 그 말씀이 너희 속에 거하지 아니하니 이는 그가 보내신 이를 믿지 아
니함이라
39 너희가 성경에서 영생을 얻는 줄 생각하고 성경을 연구하거니와 이 성
경이 곧 내게 대하여 증언하는 것이니라

오늘의 묵상 기독교의 역사성에 대해서는 지금까지 수많은 도전이 있어 왔다. 한 예로, 댄 브라운의 「다빈치 코드」와 같은 책은 예수를 '하나님의 아들'이 아닌 '사람의 아들'로 격하시키려는 논조를 가지고 있다. 그러나 예수님이 하나님의 아들이신 것은 명백하다. 본문에서도 예수님은 하나님의 직접 증언, 세례 요한의 증언, 예수님이 보여주신 수많은 표적 및 구약성경의 모든 예언을 증거로 제시하셨다. 게다가 예수님의 부활을 목격한 제자들은 목숨을 걸고 증인으로서의 삶을 살며 예수님에 대한 신앙을 전파했다. 그 결과 초대교회가 형성되고 복음은 전 세계를 향하여 퍼져 나갔다. 이 모든 일을 과연 우연의 산물로 보아야 할 것인가? 기독교는 단순히 신념 체계가 아니다. 기독교는 사실 위에 바탕을 둔 역사적 종교다. 만약 당신이 예수님이 하나님의 아들이심을 의심한다면 우리는 모든 인간의 역사를 부정해야 하는 자리에 서야만 할 것이다.

요한복음 5:40-47 예수님을 거절하는 유대인들

년 월 일

본문 요약 | 예수님이 유대인들에게 자신이 하나님의 아들이신 증거들을 보이셨음에도 그들은 예수님을 믿지 않는다. 예수님은 그들이 아버지의 이름을 저버리고 사람의 이름을 따랐으며 자기의 영광을 구한다고 말씀하신다. 그러므로 결국 유대인들이 가장 신봉하는 모세가 그들의 왜곡된 신앙형태를 고소하는 사람이 될 것이라고 말씀하신다.

40 그러나 너희가 영생을 얻기 위하여 내게 오기를 원하지 아니하는도다
41 나는 사람에게서 영광을 취하지 아니하노라
42 다만 하나님을 사랑하는 것이 너희 속에 없음을 알았노라
43 나는 내 아버지의 이름으로 왔으매 너희가 영접하지 아니하나 만일 다
른 사람이 자기 이름으로 오면 영접하리라
44 너희가 서로 영광을 취하고 유일하신 하나님께로부터 오는 영광은 구
하지 아니하니 어찌 나를 믿을 수 있느냐
45 내가 너희를 아버지께 고발할까 생각하지 말라 너희를 고발하는 이가
있으니 곧 너희가 바라는 자 모세니라
46 모세를 믿었더라면 또 나를 믿었으리니 이는 그가 내게 대하여 기록하
였음이라
47 그러나 그의 글도 믿지 아니하거든 어찌 내 말을 믿겠느냐 하시니라

오늘의 묵상 역사적으로 유대인들은 예나 지금이나 예수 그리스도를 하나님의 아들이요 메시아로 인정하지 않는다. 그런데 만약 이 세상에 예수 그리스도가 메시아이심을 알아볼 수 있는 가장 큰 가능성을 지닌 민족이 있다면, 그들은 다름 아닌 구약성경을 가진 유대인들이다. 그럼에도 그들은 가장 최전선에서 예수 그리스도를 부인하고 핍박했으며 결국 그분을 죽였다. 역사적 아이러니가 아닐 수 없다. 이는 그리스도를 믿고 복음을 소유했다고 말하는 사람이 얼마든지 복음의 원수 역할을 할 가능성을 경고한다. 그런 면에서 오늘날 기독교를 타락시키는 것은 교회 자신이다. 사람들로 하여금 복음을 오해하며 값싸게 만들어 버린 것도 우리 자신이 아닌지 반성해 보아야 한다. 또한 세상 사람과 다르지 않게 물질과 명예 등에 대한 욕망을 따르며, 오늘의 기독교에서 십자가를 지워 버린 것이 우리 자신이 아닌지 심각하게 자문해 보아야 할 것이다.

요한복음 6:1-13 보리떡 다섯 개와 물고기 두 마리

년 월 일

본문 요약 | 예수님이 보리떡 다섯 개와 물고기 두 마리로 오천 명을 먹이시는 기적을 베푸신다. 유월절이 가까운 즈음에 예수님은 빌립을 시험하신다. 그런 후 한 소년이 가져온 보잘것없는 음식으로 수많은 무리를 먹이신다. 하나님 나라의 큰일을 이루는 데에 우리의 연약함과 가진 것의 보잘것없음이 전혀 문제가 되지 않음을 알 수 있다.

1 그 후에 예수께서 디베랴의 갈릴리 바다 건너편으로 가시매 2 큰
무리가 따르니 이는 병자들에게 행하시는 표적을 보았음이러라 3 예
수께서 산에 오르사 제자들과 함께 거기 앉으시니 4 마침 유대인의
명절인 유월절이 가까운지라 5 예수께서 눈을 들어 큰 무리가 자기
에게로 오는 것을 보시고 빌립에게 이르시되 우리가 어디서 떡을 사서
이 사람들을 먹이겠느냐 하시니 6 이렇게 말씀하심은 친히 어떻게
하실지를 아시고 빌립을 시험하고자 하심이라 7 빌립이 대답하되 각
사람으로 조금씩 받게 할지라도 이백 데나리온의 떡이 부족하리이다
8 제자 중 하나 곧 시몬 베드로의 형제 안드레가 예수께 여짜오되
9 여기 한 아이가 있어 보리떡 다섯 개와 물고기 두 마리를 가지고
있나이다 그러나 그것이 이 많은 사람에게 얼마나 되겠사옵나이까
10 예수께서 이르시되 이 사람들로 앉게 하라 하시니 그곳에 잔디가 많
은지라 사람들이 앉으니 수가 오천 명쯤 되더라 11 예수께서 떡을
가져 축사하신 후에 앉아 있는 자들에게 나눠 주시고 물고기도 그렇게
그들의 원대로 주시니라 12 그들이 배부른 후에 예수께서 제자들에게
이르시되 남은 조각을 거두고 버리는 것이 없게 하라 하시므로 13 이
에 거두니 보리떡 다섯 개로 먹고 남은 조각이 열두 바구니에 찼더라

오늘의 묵상

예수님은 빌립을 시험하셨다. 평소 계산이 빨랐던 빌립은 이백 데나리온이라는 계산을 해낸다. 그러나 예수님은 어린아이가 가져온 보잘것없는 음식으로 오천 명을 먹이신다. 주님의 일에도 인간적인 계산은 필요하지만 절대적이지는 않음을 보여주신다. 때로는 아주 작은 것으로 큰일을 이루시는 주님이시다. 기독교 역사에서도 보잘것없는 소수의 무리가 부흥과 개혁을 이루는 일은 흔히 발견된다. 빌립을 통해 예수님의 능력 아닌, 인간적인 계산에만 익숙한 우리에게도 같은 교훈을 주신다. 당신이 가진 것이 아무리 보잘것없어도 예수님이 함께하시면 그분의 일을 이루는 데에 아무런 장애가 되지 않는다. 그런데 당신은 오늘도 주저한다. 좀 더 풍성해진 다음에 주님을 섬기겠다고 생각한다. 그러나 주님은 미래가 아닌 현재의 당신을 쓰기 원하신다. 충성하면 보잘것없는 것에 역사하시는 주님을 체험하게 될 것이다.

요한복음 6:14-21 바다 위로 걸어오신 예수님

년 월 일

본문 요약 | 사람들은 예수님을 임금으로 삼으려 한다. 이를 아신 예수님은 그들을 떠나가신다. 날이 저물어 제자들이 배를 타고 가버나움으로 가는데 큰 바람이 불어 배에 파도가 들이친다. 그때 예수님은 바다 위로 걸어오셔서 두려워하는 제자들과 함께하신다. 예수님은 자연까지도 다스리시는 진정한 왕이심을 나타내 보이신다.

14 그 사람들이 예수께서 행하신 이 표적을 보고 말하되 이는 참으로 세
상에 오실 그 선지자라 하더라
15 그러므로 예수께서 그들이 와서 자기를 억지로 붙들어 임금으로 삼으려
는 줄 아시고 다시 혼자 산으로 떠나 가시니라
16 저물매 제자들이 바다에 내려가서
17 배를 타고 바다를 건너 가버나움으로 가는데 이미 어두웠고 예수는 아
직 그들에게 오시지 아니하셨더니
18 큰 바람이 불어 파도가 일어나더라
19 제자들이 노를 저어 십여 리쯤 가다가 예수께서 바다 위로 걸어 배에
가까이 오심을 보고 두려워하거늘
20 이르시되 내니 두려워하지 말라 하신대
21 이에 기뻐서 배로 영접하니 배는 곧 그들이 가려던 땅에 이르렀더라

오늘의 묵상

예수님께 나아와 기적의 떡을 맛본 사람들은 예수님을 자신들의 임금으로 옹립하려 했다. 예수님은 그들을 떠나가셨다. 여기서 두 가지 교훈을 기억하자. 첫째, 예수님을 자신의 목적을 위해 임금 삼으려 해서는 안 된다. 진정한 신앙은 모든 가치가 우리가 믿는 하나님을 중심으로 이루어지는 것이지 우리의 이익을 중심으로 이루어져서는 안 된다. 궁극적으로 신앙은 내가 예수님의 종이 되어서 예수님의 생각에 내 생각을 맞추는 것이다. 둘째, 세속적 가치를 멀리하고 영원한 가치를 추구해야 한다. 예수님은 자신을 임금으로 삼으려는 자들을 떠나가시는 반면에 열악한 환경 속에서 고생하고 있던 제자들에게 오셨다. 이 모습은 우리 신앙에도 지표가 된다. 교회는 세상의 성공을 추구하는 것을 멀리하고, 그리스도를 향하여 거룩과 사랑을 추구해야 한다. 이것이 우리가 나아갈 올바른 방향이다. 예수님은 그것을 보여주신 것이다.

하나님의 일

년 월 일

본문 요약 | 예수님이 밤에 바다 위로 걸어 건너가신 것을 모르는 사람들은 예수님을 찾는다. 이윽고 바다를 건너 예수님을 찾아온 그들에게 예수님은 썩을 양식을 위하여 일하지 말고 영생하도록 있는 양식을 위해 일하라고 교훈하신다. 또한 하나님의 일을 묻는 그들에게 하나님께서 보내신 예수님 자신을 믿는 것이 하나님의 일이라고 말씀하신다.

22 이튿날 바다 건너편에 서 있던 무리가 배 한 척 외에 다른 배가 거기
없는 것과 또 어제 예수께서 제자들과 함께 그 배에 오르지 아니하시
고 제자들만 가는 것을 보았더니
23 (그러나 디베랴에서 배들이 주께서 축사하신 후 여럿이 떡 먹던 그 곳
에 가까이 왔더라)
24 무리가 거기에 예수도 안 계시고 제자들도 없음을 보고 곧 배들을 타
고 예수를 찾으러 가버나움으로 가서
25 바다 건너편에서 만나 랍비여 언제 여기 오셨나이까 하니
26 예수께서 대답하여 이르시되 내가 진실로 진실로 너희에게 이르노니 너
희가 나를 찾는 것은 표적을 본 까닭이 아니요 떡을 먹고 배부른 까닭
이로다
27 썩을 양식을 위하여 일하지 말고 영생하도록 있는 양식을 위하여 하
라 이 양식은 인자가 너희에게 주리니 인자는 아버지 하나님께서 인치
신 자니라
28 그들이 묻되 우리가 어떻게 하여야 하나님의 일을 하오리이까
29 예수께서 대답하여 이르시되 하나님께서 보내신 이를 믿는 것이 하나
님의 일이니라 하시니

오늘의 묵상

예수님은 본문에서 하나님께서 보내신 예수님 자신을 믿는 것이 하나님의 일이라고 가르치신다. 예수님을 믿지 않고도 하나님의 일을 얼마든지 할 수 있다(참고. 마 7:21–23). 그러므로 눈에 보이는 일도 중요하지만 더 중요한 것은 진실한 믿음을 소유하는 것이다. 예수님은 진정한 하나님의 일은 예수님을 믿는 것이라고 단적으로 선언하셨다. 마리아는 마르다보다 음식 준비하는 일은 소홀했을지 모르지만 진정으로 예수님의 말씀을 들으려 했다. 물론 행위가 중요하지 않다는 말은 아니다. 그러나 그것이 진정한 행위가 되기 위해서는 진정한 믿음이 전제되어야 하는 것이다. 우리는 흔히 행함(doing)보다 됨됨이(being)가 먼저여야 한다는 말을 자주 한다. 성도로서 몇 개의 규칙을 지키는 것보다 인격적인 부분이 우선되어야 함을 가르치는 말이다. 어떤 일을 하는 것보다 중요한 것은 먼저 진정한 신앙적 인격을 갖추는 것이다.

요한복음 6:30-40 생명의 떡

년 월 일

본문 요약 l 사람들은 예수님께 그들이 예수님을 믿을 수 있는 다른 표적을 요구하며, 그들의 조상이 광야에서 먹었던 만나를 예로 든다. 그러나 예수님은 자신이 하늘에서 내려온 생명의 떡이니, 자신을 믿고 받아들일 것을 말씀하신다. 예수님을 믿는 사람은 단 한 사람도 잃어버린 바 되지 않고 마지막 부활에 참여하게 될 것이다.

30 그들이 묻되 그러면 우리가 보고 당신을 믿도록 행하시는 표적이 무
엇이니이까, 하시는 일이 무엇이니이까 31 기록된 바 하늘에서 그들에
게 떡을 주어 먹게 하였다 함과 같이 우리 조상들은 광야에서 만나
를 먹었나이다 32 예수께서 이르시되 내가 진실로 진실로 너희에게 이
르노니 모세가 너희에게 하늘로부터 떡을 준 것이 아니라 내 아버지께
서 너희에게 하늘로부터 참 떡을 주시나니 33 하나님의 떡은 하늘에
서 내려 세상에 생명을 주는 것이니라 34 그들이 이르되 주여 이 떡
을 항상 우리에게 주소서 35 예수께서 이르시되 나는 생명의 떡이니
내게 오는 자는 결코 주리지 아니할 터이요 나를 믿는 자는 영원히 목
마르지 아니하리라 36 그러나 내가 너희에게 이르기를 너희는 나를 보
고도 믿지 아니하는도다 하였느니라 37 아버지께서 내게 주시는 자
는 다 내게로 올 것이요 내게 오는 자는 내가 결코 내쫓지 아니하리
라 38 내가 하늘에서 내려온 것은 내 뜻을 행하려 함이 아니요 나를
보내신 이의 뜻을 행하려 함이니라 39 나를 보내신 이의 뜻은 내게 주
신 자 중에 내가 하나도 잃어버리지 아니하고 마지막 날에 다시 살리
는 이것이니라 40 내 아버지의 뜻은 아들을 보고 믿는 자마다 영생을
얻는 이것이니 마지막 날에 내가 이를 다시 살리리라 하시니라

오늘의 묵상

오늘 본문에서 예수님은 "나는 생명의 떡이니"(35절)라고 선언하셨다. 이것은 요한복음에 등장하는 일곱 번의 독특한 예수님의 자기표현 방식 중의 하나로, 이 세상 그 누구와도 비교될 수 없는 절대적인 신적 위치를 단적으로 드러내신 표현이다. 본문에도 정관사를 사용하여 오직 유일하신 생명의 떡임을 강조하셨다. 이 세상에 생명을 줄 수 있는 떡은 오직 예수님뿐이시다. 예수님을 믿고 의지하는 길 외에 인생이 빈곤한 영적 배고픔을 해소할 방법은 없다. 한편, 사람들은 예수님을 믿는 것이 하나님의 일이라는 예수님의 말씀에(29절) 자신들이 믿을 수 있는 표적을 보여 달라고 요구한다(30절). 예수님이 이미 오병이어의 기적을 보이셨음에도 또 다른 기적을 요구하는 것이다. 인간의 마음이 얼마나 완악하고 불신앙의 경향성을 가지고 있는지를 단적으로 보여준다. 기독교의 진실성에 대한 증거가 부족한 것이 문제가 아니라 인간이 믿으려 하지 않는 것이 문제다.

요한복음 6:41-51

내 살을 먹으라

년 월 일

본문 요약 | 예수님의 육신의 부모를 알고 있던 유대인들은 예수님이 자신을 '하늘에서 내려온 떡'이라고 말씀하시자 수군거린다. 그런 그들에게 예수님은 아버지께서 이끌지 않으시면 누구도 자신을 믿을 수 없다고 말씀하시면서, 생명을 위한 떡, 곧 예수님의 살을 먹으라고 초청하신다. 예수 그리스도를 믿고 구원 얻는 일은 하나님의 은혜로만 가능하다.

41 자기가 하늘에서 내려온 떡이라 하시므로 유대인들이 예수에 대하여
수군거려
42 이르되 이는 요셉의 아들 예수가 아니냐 그 부모를 우리가 아는데 자기
가 지금 어찌하여 하늘에서 내려왔다 하느냐
43 예수께서 대답하여 이르시되 너희는 서로 수군거리지 말라
44 나를 보내신 아버지께서 이끌지 아니하시면 아무도 내게 올 수 없으니
오는 그를 내가 마지막 날에 다시 살리리라
45 선지자의 글에 그들이 다 하나님의 가르치심을 받으리라 기록되었은즉
아버지께 듣고 배운 사람마다 내게로 오느니라
46 이는 아버지를 본 자가 있다는 것이 아니니라 오직 하나님에게서 온
자만 아버지를 보았느니라
47 진실로 진실로 너희에게 이르노니 믿는 자는 영생을 가졌나니
48 내가 곧 생명의 떡이니라
49 너희 조상들은 광야에서 만나를 먹었어도 죽었거니와
50 이는 하늘에서 내려오는 떡이니 사람으로 하여금 먹고 죽지 아니하게
하는 것이니라
51 나는 하늘에서 내려온 살아 있는 떡이니 사람이 이 떡을 먹으면 영생
하리라 내가 줄 떡은 곧 세상의 생명을 위한 내 살이니라 하시니라

오늘의 묵상 오늘 본문은 사람의 인식의 한계를 분명히 보여준다. 사람들은 '나는 하늘에서 내려온 살아 있는 떡'이라는 예수님의 말씀을 이해하지 못했다. 그래서 예수님은 '나를 보내신 아버지께서 이끌지 아니하시면 아무도 내게 올 수 없다'고 말씀하신다. 구원은 하나님의 선물이다. 구원을 얻기 위해서는 예수님을 믿고 받아들여야 하는데 우리 자신의 실력으로는 예수님을 믿을 수 없다. 우리는 기껏해야 당시 유대 사람들처럼 외적인 조건이나 판단할 줄 아는 사람들이기 때문이다. 그런 우리가 오늘 믿음을 가지게 된 것은 오직 하나님의 은혜로 된 것이다. 하나님의 은혜에 감사하자. 예수님은 세상의 생명을 위한 떡, 곧 예수님의 살을 먹으라고 우리를 초청하셨다. 이 말은 예수님의 죽으심을 통해서만 우리에게 생명이 주어진다는 뜻이다. 예수님의 살을 먹는다는 것은 예수님의 죽으심과 연합하는 것이고, 그것은 곧 죄에 대하여 죽는 삶을 가리킨다.

요한복음 6:52-59 예수님과의 영적 교제

년 월 일

본문 요약 | 자신의 살을 먹으라는 예수님의 말씀에 유대인들이 다시 논쟁한다. 이에 예수님은 자신의 살과 피를 먹고 마시지 않으면 그들 속에 생명이 없다고 말씀하신다. 또한 계속해서 자신의 살과 피를 먹고 마시는 사람 안에 거하시겠다고 말씀하신다. 예수님의 살과 피를 먹고 마신다는 것은 그분을 영접하고 영적인 교제를 나누는 것을 의미한다.

52 그러므로 유대인들이 서로 다투어 이르되 이 사람이 어찌 능히 자기 살
을 우리에게 주어 먹게 하겠느냐
53 예수께서 이르시되 내가 진실로 진실로 너희에게 이르노니 인자의 살을
먹지 아니하고 인자의 피를 마시지 아니하면 너희 속에 생명이 없느니라
54 내 살을 먹고 내 피를 마시는 자는 영생을 가졌고 마지막 날에 내가
그를 다시 살리리니
55 내 살은 참된 양식이요 내 피는 참된 음료로다
56 내 살을 먹고 내 피를 마시는 자는 내 안에 거하고 나도 그의 안에 거
하나니
57 살아 계신 아버지께서 나를 보내시매 내가 아버지로 말미암아 사는 것
같이 나를 먹는 그 사람도 나로 말미암아 살리라
58 이것은 하늘에서 내려온 떡이니 조상들이 먹고도 죽은 그것과 같지 아
니하여 이 떡을 먹는 자는 영원히 살리라
59 이 말씀은 예수께서 가버나움 회당에서 가르치실 때에 하셨느니라

오늘의 묵상 예수님의 피와 살을 먹고 마시는 것의 의미는 크게 두 가지로 나누어 생각할 수 있다. 첫째, 예수 그리스도를 내 삶의 주인으로 받아들이고 그분이 행하신 십자가 사건을 바로 나를 위한 구속 사건으로 받아들이는 것이다. 이것을 우리는 흔히 '칭의적 차원의 구원'이라고 부른다. 예수를 믿지 않던 사람이 그의 생애의 방향을 바꾸어 회심하는 경험이 이에 해당한다. 둘째, 그렇게 한번 회심하고 난 사람이 계속해서 예수님과 영적 교제를 통해 연합을 나누는 것이다. 이것은 '성화적 차원의 구원'이라고 불린다. 오늘 본문에서 예수님은 그분의 살과 피를 양식과 음료처럼 우리가 날마다 섭취해야 한다고 말씀하셨다. 그것은 예수님과 매일의 교제가 있어야 한다는 말씀이다. 또 그러한 매일의 교제를 통해 예수님이 내 안에 거하고 나도 예수님 안에 거하는 영적인 연합이 이루어진다고 하셨다(참고. 15:7). 성도에게는 이런 두 가지 삶이 반드시 있어야 한다.

요한복음 6:60-71

영생의 말씀

년 월 일

본문 요약 | 제자들 중에도 예수님의 말씀을 이해하지 못하고 어려워하는 사람들이 있었다. 많은 제자들이 떠나가자 예수님은 열두 제자에게도 떠날 것인지를 물으신다. 시몬 베드로는 제자들을 대표하여 영생의 말씀이신 예수님 곁을 떠나지 않겠노라고 대답한다. 우리는 당장의 필요 때문이 아니라 영생을 위해 예수님을 따라야 한다.

60 제자 중 여럿이 듣고 말하되 이 말씀은 어렵도다 누가 들을 수 있
느냐 한대 61 예수께서 스스로 제자들이 이 말씀에 대하여 수군거리
는 줄 아시고 이르시되 이 말이 너희에게 걸림이 되느냐 62 그러면 너
희는 인자가 이전에 있던 곳으로 올라가는 것을 본다면 어떻게 하겠
느냐 63 살리는 것은 영이니 육은 무익하니라 내가 너희에게 이른 말
은 영이요 생명이라 64 그러나 너희 중에 믿지 아니하는 자들이 있느
니라 하시니 이는 예수께서 믿지 아니하는 자들이 누구며 자기를 팔
자가 누구인지 처음부터 아심이러라 65 또 이르시되 그러므로 전에 너
희에게 말하기를 내 아버지께서 오게 하여 주지 아니하시면 누구든지
내게 올 수 없다 하였노라 하시니라 66 그 때부터 그의 제자 중에서
많은 사람이 떠나가고 다시 그와 함께 다니지 아니하더라 67 예수께
서 열두 제자에게 이르시되 너희도 가려느냐 68 시몬 베드로가 대답
하되 주여 영생의 말씀이 주께 있사오니 우리가 누구에게로 가오리이
까 69 우리가 주는 하나님의 거룩하신 자이신 줄 믿고 알았사옵나이
다 70 예수께서 대답하시되 내가 너희 열둘을 택하지 아니하였느냐
그러나 너희 중의 한 사람은 마귀니라 하시니 71 이 말씀은 가룟 시몬
의 아들 유다를 가리키심이라 그는 열둘 중의 하나로 예수를 팔 자러라

오늘의 묵상

예수님은 자신의 살과 피를 먹고 마셔야만 영생을 얻을 수 있다고 말씀하셨다. 많은 제자들은 이 말씀이 어렵다며 예수님을 떠나갔다. 영생에 대해서 말씀하시는 예수님을 보면서 당장 자신들의 건강, 행복, 물질 등과 같은 필요를 채우기 어렵다는 판단을 내렸기 때문이다. 그들은 현실적이고 개인적인 필요에 의해서 예수님을 따랐던 것이 분명하다. 종교의 본질을 인간의 실존적 문제를 해결하는 것으로 생각하는 사람들이 많다. 물론 현실적인 필요를 무시할 수는 없다. 그러나 그것이 전부라면 신앙의 근본 동기가 '하나님'에게서 출발한 것이 아니라 '나'에게서 출발한 것이 된다. 천지를 지으시고 우리를 구속하신 하나님께 모든 것을 드리며 그분을 따르겠다는 믿음이 아니라, 나에게 해결해야 할 문제가 있어서 그것을 해결할 신을 찾는 것이다. 이것은 더 이상 진정한 기독교가 아니다. 우상숭배에 불과하다.

요한복음 7:1-9 예수님을 믿지 않는 형제들

년 월 일

본문 요약 | 유대인의 명절인 초막절이 다가오자 예수님의 형제들은 예수님께 사람이 더 많은 유대로 가셔서 자신을 만천하에 드러내시라고 요구한다. 그러나 예수님은 모든 것의 때가 아직 이르지 않았다며, 자신을 온전히 믿지 못하는 형제들의 요구를 거절하시고 갈릴리에 머무신다.

1 그 후에 예수께서 갈릴리에서 다니시고 유대에서 다니려 아니하심은
유대인들이 죽이려 함이러라
2 유대인의 명절인 초막절이 가까운지라
3 그 형제들이 예수께 이르되 당신이 행하는 일을 제자들도 보게 여기를
떠나 유대로 가소서
4 스스로 나타나기를 구하면서 묻혀서 일하는 사람이 없나니 이 일을 행
하려 하거든 자신을 세상에 나타내소서 하니
5 이는 그 형제들까지도 예수를 믿지 아니함이러라
6 예수께서 이르시되 내 때는 아직 이르지 아니하였거니와 너희 때는 늘
준비되어 있느니라
7 세상이 너희를 미워하지 아니하되 나를 미워하나니 이는 내가 세상의
일들을 악하다고 증언함이라
8 너희는 명절에 올라가라 내 때가 아직 차지 못하였으니 나는 이 명
절에 아직 올라가지 아니하노라
9 이 말씀을 하시고 갈릴리에 머물러 계시니라

오늘의 묵상 예수님은 명절에 공개적으로 예루살렘에 올라가서 활동하시고 자신을 드러내시라는 형제들의 요구를 거절하신다. 예수님의 혈육인 형제들은 예수님이 메시아임을 믿고 이런 요청을 한 것이 아니었다(5절). 단지 예수님이 더 유명해져서 자신들도 그 이익에 동참하길 바랐을 것이다. 이처럼 믿음으로 하지 않는 그 어떤 요청도 예수님은 거절하신다. 오병이어 사건 때도 사람들은 그 이적을 보고 예수님을 임금 삼으려 하였다. 그러나 이것도 믿음의 행위가 아니었기에 거절하신다. 성경은 우리가 믿음을 따라 행하지 않은 모든 것이 죄라고 말씀한다(롬 14:23). 진정한 믿음이 전제가 된 후에 행동이 뒤따라야 한다. 예수 그리스도에 대한 진정한 믿음 없이 단순히 무엇을 구한다고 이루어지지 않는다. 그러기에 우리는 무엇을 달라고 기도하기 전에 진정한 믿음을 구해야 한다(막 9:24).

요한복음 7:10-24 공의로운 판단

년 월 일

본문 요약 | 초막절에 예루살렘에 올라가신 예수님이 성전에서 사람들을 가르치신다. 예수님에 대한 평가는 사람들마다 다르나 예수님의 가르치심에는 모두가 놀라워한다. 한편, 예수님은 유대인들의 형식적인 종교 행위를 지적하시며 자신이 하신 일에 대한 공의로운 판단을 요구하신다. 예수님은 언제나 피상적 신앙보다 진정한 판단을 요구하신다.

10 그 형제들이 명절에 올라간 후에 자기도 올라가시되 나타내지 않고
은밀히 가시니라
11 명절중에 유대인들이 예수를 찾으면서 그가 어디 있느냐 하고
12 예수에 대하여 무리 중에서 수군거림이 많아 어떤 사람은 좋은 사람
이라 하며 어떤 사람은 아니라 무리를 미혹한다 하나
13 그러나 유대인들을 두려워하므로 드러나게 그에 대하여 말하는 자가
없더라
14 이미 명절의 중간이 되어 예수께서 성전에 올라가사 가르치시니
15 유대인들이 놀랍게 여겨 이르되 이 사람은 배우지 아니하였거늘 어떻
게 글을 아느냐 하니
16 예수께서 대답하여 이르시되 내 교훈은 내 것이 아니요 나를 보내신
이의 것이니라
17 사람이 하나님의 뜻을 행하려 하면 이 교훈이 하나님께로부터 왔는지
내가 스스로 말함인지 알리라
18 스스로 말하는 자는 자기 영광만 구하되 보내신 이의 영광을 구하는
자는 참되니 그 속에 불의가 없느니라
19 모세가 너희에게 율법을 주지 아니하였느냐 너희 중에 율법을 지키는
자가 없도다 너희가 어찌하여 나를 죽이려 하느냐
20 무리가 대답하되 당신은 귀신이 들렸도다 누가 당신을 죽이려 하나이까
21 예수께서 대답하여 이르시되 내가 한 가지 일을 행하매 너희가 다 이
로 말미암아 이상히 여기는도다
22 모세가 너희에게 할례를 행했으니 (그러나 할례는 모세에게서 난 것
이 아니요 조상들에게서 난 것이라) 그러므로 너희가 안식일에도 사람

에게 할례를 행하느니라

23 모세의 율법을 범하지 아니하려고 사람이 안식일에도 할례를 받는 일
이 있거든 내가 안식일에 사람의 전신을 건전하게 한 것으로 너희가
내게 노여워하느냐

24 외모로 판단하지 말고 공의롭게 판단하라 하시니라

오늘의 묵상 오늘 본문에는 유대인들의 자기모순적 신앙의 모습이 드러나 있다. 그들은 모세의 율법을 지킨다는 이유로 안식일에도 할례를 행했다. 그들의 율법 해석 전통은 할례가 안식일 규례보다 우선한다고 여겼기 때문이다. 그러면서도 예수님이 38년이라는 긴 세월을 고통 중에 지낸 한 사람을 고쳐 주신 것에 대해서는 안식일 규례를 어겼다고 비난했다. 얼마나 모순적인가? 전통도 중요하지만 우리의 생각으로도 분명 예수님이 하신 행동은 할례보다 더 중요함에 틀림없다. 그럼에도 유대인들은 예수님을 비난했다. 이처럼 모순된 것이 인간이다. 내가 정한 법칙은 무조건 옳고 남이 행한 의로운 행동은 자신의 기준으로 정죄하려 든다. 하지만 예수님은 유대인들에게 외적인 형식만 보지 말고 공의롭고 올바르게 판단하라고 요구하신다(24절). 나와 남에게 동일한 잣대를 가지고 공정하게 판단해야 한다.

요한복음 7:25-36 장차 승천하실 것을 말씀하심

년 월 일

본문 요약 | 예루살렘 사람 중 다수가 예수님을 하나님이 보내신 그리스도로 믿지 않는다. 그들은 오직 예수님의 출신 배경만을 따진다. 예수님은 자신이 곧 보냄 받은 하나님께로 다시 돌아갈 것을 말씀하시나 사람들은 이 말씀도 이해하지 못한다. 예수님에 대한 믿음 없이는 그분의 말씀을 이해할 수 없다.

25 예루살렘 사람 중에서 어떤 사람이 말하되 이는 그들이 죽이고자 하
는 그 사람이 아니냐
26 보라 드러나게 말하되 그들이 아무 말도 아니하는도다 당국자들은 이
사람을 참으로 그리스도인 줄 알았는가
27 그러나 우리는 이 사람이 어디서 왔는지 아노라 그리스도께서 오실 때
에는 어디서 오시는지 아는 자가 없으리라 하는지라
28 예수께서 성전에서 가르치시며 외쳐 이르시되 너희가 나를 알고 내가
어디서 온 것도 알거니와 내가 스스로 온 것이 아니니라 나를 보내신
이는 참되시니 너희는 그를 알지 못하나
29 나는 아노니 이는 내가 그에게서 났고 그가 나를 보내셨음이라 하시니
30 그들이 예수를 잡고자 하나 손을 대는 자가 없으니 이는 그의 때가 아
직 이르지 아니하였음이러라
31 무리 중의 많은 사람이 예수를 믿고 말하되 그리스도께서 오실지라도
그 행하실 표적이 이 사람이 행한 것보다 더 많으랴 하니
32 예수에 대하여 무리가 수군거리는 것이 바리새인들에게 들린지라 대
제사장들과 바리새인들이 그를 잡으려고 아랫사람들을 보내니
33 예수께서 이르시되 내가 너희와 함께 조금 더 있다가 나를 보내신 이
에게로 돌아가겠노라
34 너희가 나를 찾아도 만나지 못할 터이요 나 있는 곳에 오지도 못하리라
하시니
35 이에 유대인들이 서로 묻되 이 사람이 어디로 가기에 우리가 그를 만
나지 못하리요 헬라인 중에 흩어져 사는 자들에게로 가서 헬라인을 가
르칠 터인가

36 나를 찾아도 만나지 못할 터이요 나 있는 곳에 오지도 못하리라 한 이
말이 무슨 말이냐 하니라

오늘의 묵상

본문 전체의 문맥을 통해 우리는 하나의 내용을 묵상할 수 있다. 그것은 예수님에 대한 진정한 믿음을 소유하지 못한 사람은 예수님의 말씀에 대한 바른 이해나 해석이 불가능하다는 사실이다. 성경은 성령을 받고 예수님을 아는 자만이 예수님의 말씀을 온전히 이해한다고 가르친다(고전 2:10-14). 예수님을 믿지 않는 사람이 하는 성경 해석은 그래서 어리석을 수밖에 없다. 그리스도인들 가운데에도 종종 유명한 학자들의 성경 해석 때문에 고민하는 사람들이 적지 않다. 그들은 성경 내용을 자신들의 연구 업적을 근거로 평가하고 성경의 오류를 지적한다. 그러나 그들의 해석이 올바르지 않음을 분명히 알아야 한다. 영적인 것은 영적이어야 분별할 수 있는데, 그들은 예수님에 대한 믿음과 성령의 도우심이 없이 오직 자신의 지식으로만 성경을 판단하기 때문이다. 믿음 없이는 성경을 제대로 이해할 수 없다.

요한복음 7:37-44 편이 나뉘어 쟁론하는 무리들

년 월 일

본문 요약 | 초막절 마지막 날에 예수님은 누구든지 목마른 사람은 자신에게 나아와 마시라고 초청하신다. 그리고 예수님을 믿는 자는 그 배에서 생수의 강이 흘러나올 것이라고 약속하신다. 한편, 예수님의 이 말씀을 들은 사람들은 더 분명하게 편이 나뉘어 쟁론한다. 예수님이 자신을 더 분명하게 드러내실수록 사람들 사이에도 더 분명한 나뉨이 생긴다.

37 명절 끝날 곧 큰 날에 예수께서 서서 외쳐 이르시되 누구든지 목마르
거든 내게로 와서 마시라
38 나를 믿는 자는 성경에 이름과 같이 그 배에서 생수의 강이 흘러나오
리라 하시니
39 이는 그를 믿는 자들이 받을 성령을 가리켜 말씀하신 것이라 (예수께
서 아직 영광을 받지 않으셨으므로 성령이 아직 그들에게 계시지 아니
하시더라)
40 이 말씀을 들은 무리 중에서 어떤 사람은 이 사람이 참으로 그 선지자
라 하며
41 어떤 사람은 그리스도라 하며 어떤 이들은 그리스도가 어찌 갈릴리에
서 나오겠느냐
42 성경에 이르기를 그리스도는 다윗의 씨로 또 다윗이 살던 마을 베들레
헴에서 나오리라 하지 아니하였느냐 하며
43 예수로 말미암아 무리 중에서 쟁론이 되니
44 그 중에는 그를 잡고자 하는 자들도 있으나 손을 대는 자가 없었더라

오늘의 묵상 유대인들은 초막절에 물을 길어다 성전 제단에 부으며 광야에서 자신들에게 생수를 주신 하나님을 기념했다. 예수님은 이를 보시며 진정으로 목마른 자들은 예수님께 나아와 마시라고 초청하신다. 육체의 목마름은 물이 해소시킬 수 있지만 인생의 영적 목마름은 예수님을 통해서만 해갈될 수 있다. 특히 예수님은 그를 믿는 자들의 배에서 생수의 강이 흘러나올 것이라 하셨다. 작은 연못이나 시내가 아니라, 강이다. 그 말씀은 믿는 자의 삶 속에 이루어질 풍성함을 표현하신 것이다. 예수님을 믿는다는 것은 매사에 풍성함을 의미한다. 그 인생이 넉넉하고 메마르지 않는다. 그의 배에서 생수의 강이 흘러넘친다. 성도는 삶에서 이런 풍성함을 반드시 경험해야만 한다. 나의 실력이나 인격만으로 되는 것이 아닌 성령님의 함께하심으로 이루어지는 풍성한 삶이 있어야 한다. 그 풍성함은 나의 전 삶의 영역에서 드러나고 확인될 수 있어야 한다.

요한복음 7:45-53 믿지 않는 유대 지도자들

년 월 일

본문 요약 I 대제사장들과 바리새인들은 사람을 보내 예수님을 붙잡고자 했으나 실패한다. 오히려 예수님에 대한 호의적인 답변을 듣고 노하여 예수님을 믿는 자들을 저주한다. 또한 니고데모가 율법에 의한 정당한 평가를 제안하자 갈릴리 사람을 멸시하며 떠난다. 유대 지도자들이 가진 율법에 관한 지식은 지극히 편협하여 오히려 참 신앙을 방해했다.

45 아랫사람들이 대제사장들과 바리새인들에게로 오니 그들이 묻되 어찌
하여 잡아오지 아니하였느냐
46 아랫사람들이 대답하되 그 사람이 말하는 것처럼 말한 사람은 이 때
까지 없었나이다 하니
47 바리새인들이 대답하되 너희도 미혹되었느냐
48 당국자들이나 바리새인 중에 그를 믿는 자가 있느냐
49 율법을 알지 못하는 이 무리는 저주를 받은 자로다
50 그 중의 한 사람 곧 전에 예수께 왔던 니고데모가 그들에게 말하되
51 우리 율법은 사람의 말을 듣고 그 행한 것을 알기 전에 심판하느냐
52 그들이 대답하여 이르되 너도 갈릴리에서 왔느냐 찾아 보라 갈릴리에
서는 선지자가 나지 못하느니라 하였더라
53 [다 각각 집으로 돌아가고

오늘의 묵상 예수님을 잡으러 갔던 사람들조차 예수님에 대해 호의적인 말을 쏟아내자, 유대 지도자들은 더욱 신랄하게 예수님을 따르는 자들을 저주한다. 게다가 니고데모의 정당한 제안까지도 일축해 버린다. 그러나 손바닥으로 하늘을 가릴 수는 없다. 엄연하게 존재하는 진실을 외면하려니 그들의 태도가 더욱 완악해진 것이다. 있는 그대로를 받아들이는 태도가 중요하다. 진리를 외면한다고 해서 엄연히 존재하는 진리가 사라지지 않는다. 예수님은 바울에게 '가시채를 뒷발질하기가 네게 고생이라(가시 돋친 채찍을 발로 차 보아야 너만 다칠 뿐이다)'고 하셨다. 부질없이 저항해 봐야 나만 아프고 손해 보는 것이다. 혹시 무언가에 심히 흥분하고 있다면 그것은 애써 진실을 외면하려 하기 때문은 아닌지 생각해 봐야 한다. 진정한 지식은 과장되거나 무례하지 않고, 억지로 남을 제압하려고 하지 않으며, 평안함을 수반한다. 이런 진리가 당신에게도 있는지 확인해 보라.

요한복음 8:1-11 음행 중에 잡힌 여자

년 월 일

본문 요약 | 서기관들과 바리새인들이 음행하다가 현장에서 잡힌 여자를 끌고 와 예수님을 시험한다. 그러나 예수님은 죄 없는 자가 먼저 여자를 돌로 치라고 말씀하신다. 이 말씀에 가책을 느낀 백성들은 그 자리를 떠나고 예수님은 여자를 용서해 주신다. 또한 다시는 죄를 범하지 말라고 말씀하신다. 죄 없으신 예수님 외에는 누구도 죄인을 정죄할 자격이 없다.

1 예수는 감람 산으로 가시니라 2 아침에 다시 성전으로 들어오시니
백성이 다 나아오는지라 앉으사 그들을 가르치시더니 3 서기관들과
바리새인들이 음행중에 잡힌 여자를 끌고 와서 가운데 세우고 4 예
수께 말하되 선생이여 이 여자가 간음하다가 현장에서 잡혔나이다
5 모세는 율법에 이러한 여자를 돌로 치라 명하였거니와 선생은 어떻
게 말하겠나이까 6 그들이 이렇게 말함은 고발할 조건을 얻고자 하
여 예수를 시험함이러라 예수께서 몸을 굽히사 손가락으로 땅에 쓰시
니 7 그들이 묻기를 마지 아니하는지라 이에 일어나 이르시되 너희 중
에 죄 없는 자가 먼저 돌로 치라 하시고 8 다시 몸을 굽혀 손가락으
로 땅에 쓰시니 9 그들이 이 말씀을 듣고 양심에 가책을 느껴 어른으
로 시작하여 젊은이까지 하나씩 하나씩 나가고 오직 예수와 그 가운
데 섰는 여자만 남았더라 10 예수께서 일어나사 여자 외에 아무도
없는 것을 보시고 이르시되 여자여 너를 고발하던 그들이 어디 있느냐
너를 정죄한 자가 없느냐 11 대답하되 주여 없나이다 예수께서 이르
시되 나도 너를 정죄하지 아니하노니 가서 다시는 죄를 범하지 말라
하시니라]

오늘의 묵상 예수님은 몰려든 백성들에게 "죄 없는 자가 먼저 돌로 치라"고 말씀하셨다(7절). 그러자 어른으로 시작하여 젊은이까지 하나둘씩 그 자리를 떠나갔다. 여기서 요한은 이 상황을 그냥 지나치지 않고 재미있게 표현한다. 즉, 나이가 많아 죄가 더 많이 묵은 어른들부터 먼저 양심에 가책을 느끼고 그 자리를 떠났다는 표현이다. 예수님은 이 말씀을 통해 남을 정죄하기 전에 먼저 자신의 죄를 돌아볼 것을 요구하셨다. 인간은 기본적으로 남의 허물은 크게 보면서 자신에게는 관대하다. 그러기에 먼저 나 자신을 살펴야 한다. 또한 형제의 잘못을 너그럽게 보고 용서해야 한다. 예수님은 용서를 권고형이 아닌 명령형으로 말씀하셨다(마 18:22). 진정한 구원은 정죄에서 이루어지지 않는다. 용서와 사랑이 영혼을 살리고 인생을 변화시킨다는 사실을 기억해야 한다.

요한복음 8:12-20 세상의 빛이신 예수님

년 월 일

본문 요약 | 예수님이 자신을 세상의 빛이라고 말씀하시자 바리새인들은 증거를 요구한다. 이에 예수님은 자신과 아버지 하나님의 증언을 증거로 제시하셨고, 다시 '네 아버지가 어디 있느냐'고 묻는 그들에게 '너희는 나를 알지 못하고 내 아버지도 알지 못한다'고 대답하셨다. 이는 인생의 진정한 빛이 오직 예수님을 믿는 신앙 안에서만 발견된다는 가르침이다.

12 예수께서 또 말씀하여 이르시되 나는 세상의 빛이니 나를 따르는 자는
어둠에 다니지 아니하고 생명의 빛을 얻으리라
13 바리새인들이 이르되 네가 너를 위하여 증언하니 네 증언은 참되지 아
니하도다
14 예수께서 대답하여 이르시되 내가 나를 위하여 증언하여도 내 증언이
참되니 나는 내가 어디서 오며 어디로 가는 것을 알거니와 너희는 내
가 어디서 오며 어디로 가는 것을 알지 못하느니라
15 너희는 육체를 따라 판단하나 나는 아무도 판단하지 아니하노라
16 만일 내가 판단하여도 내 판단이 참되니 이는 내가 혼자 있는 것이
아니요 나를 보내신 이가 나와 함께 계심이라
17 너희 율법에도 두 사람의 증언이 참되다 기록되었으니
18 내가 나를 위하여 증언하는 자가 되고 나를 보내신 아버지도 나를 위
하여 증언하시느니라
19 이에 그들이 묻되 네 아버지가 어디 있느냐 예수께서 대답하시되 너희
는 나를 알지 못하고 내 아버지도 알지 못하는도다 나를 알았더라면
내 아버지도 알았으리라
20 이 말씀은 성전에서 가르치실 때에 헌금함 앞에서 하셨으나 잡는 사
람이 없으니 이는 그의 때가 아직 이르지 아니하였음이러라

오늘의 묵상

예수님은 자신을 '세상의 빛'이라고 선언하셨다. 빛은 어두운 부분을 비추어 밝힌다. 이처럼 예수님을 통해서만 우리가 죄인인 것이 드러나며 무엇이 거룩한 삶인지가 분명해진다. 우리가 예수님을 떠나서는 결코 온전하고 거룩한 삶을 살 수 없는 이유가 여기에 있다. 사람은 자신을 객관적으로 판단하는 것이 불가능하다. 주 안에 있을 때 주님이 비춰 주시는 말씀과 성령의 사역을 통하여 우리는 죄를 깨닫고 거기서 돌아서게 된다. 또 한편으로 빛은 나아갈 방향을 비추어 옳은 길로 인도한다. 이에 관해 시편 저자는 '주의 말씀은 내 발에 등이요 내 길에 빛이니이다'라고 기록했다(시 119:105). 예수님은 우리를 인도하시는 빛이시다. 주의 말씀을 따르면 인생은 바른길로 인도받는다. 혹 어떤 길로 가야 할지 고민하고 있는가? 주님의 말씀을 묵상해 보라. 그러면 반드시 바른길을 발견하고 인도함을 받게 될 것이다.

요한복음 8:21-30 이 세상에 속하지 않으신 예수님

년 월 일

본문 요약 | 예수님은 유대인들에게 예수님이 이 세상을 떠나실 것이라고 말씀하신다. 이 세상에 속하지 않으신 예수님은 아버지께로 돌아가실 것이고, 그런 자신을 믿지 않은 사람들은 그들의 죄 가운데 죽을 것이라고 말씀하신다. 또한 유대인들은 예수님이 누구신지 그분이 떠나신 이후에야 깨달을 것임도 말씀하셨다.

21 다시 이르시되 내가 가리니 너희가 나를 찾다가 너희 죄 가운데서
죽겠고 내가 가는 곳에는 너희가 오지 못하리라 22 유대인들이 이르
되 그가 말하기를 내가 가는 곳에는 너희가 오지 못하리라 하니 그가
자결하려는가 23 예수께서 이르시되 너희는 아래에서 났고 나는 위에
서 났으며 너희는 이 세상에 속하였고 나는 이 세상에 속하지 아니하
였느니라 24 그러므로 내가 너희에게 말하기를 너희가 너희 죄 가운데
서 죽으리라 하였노라 너희가 만일 내가 그인 줄 믿지 아니하면 너희
죄 가운데서 죽으리라 25 그들이 말하되 네가 누구냐 예수께서 이르시
되 나는 처음부터 너희에게 말하여 온 자니라 26 내가 너희에게 대하
여 말하고 판단할 것이 많으나 나를 보내신 이가 참되시매 내가 그에
게 들은 그것을 세상에 말하노라 하시되 27 그들은 아버지를 가리켜
말씀하신 줄을 깨닫지 못하더라 28 이에 예수께서 이르시되 너희가
인자를 든 후에 내가 그인 줄을 알고 또 내가 스스로 아무것도 하지
아니하고 오직 아버지께서 가르치신 대로 이런 것을 말하는 줄도 알리
라 29 나를 보내신 이가 나와 함께 하시도다 나는 항상 그가 기뻐하시
는 일을 행하므로 나를 혼자 두지 아니하셨느니라 30 이 말씀을 하시
매 많은 사람이 믿더라

오늘의 묵상 예수님은 자신이 이 세상에 속하지 않았다고 말씀하셨다. 이 말씀은 예수님이 비록 육신의 몸을 입고 이 세상에 계셨지만, 이 세상의 죄악에 물들지 않으셨다는 의미다. 예수님은 우리를 위해서도 같은 기도를 하셨다(17:15-17). 그러므로 성도는 이 세상 속에 살지만 세상의 지배를 받는 삶을 살아서는 안 되는 존재다. 온갖 죄로부터 구별된 거룩한 삶을 살아야 하고, 탐욕과 거짓에서 벗어나야 한다. 거룩과 경건을 추구하는 삶을 살아야 한다. 그러나 이러한 삶이 쉽지 않은 것은 우리가 죄악된 이 세상의 질서 속에 살기 때문이다. 어두운 세상은 거룩한 삶을 살고자 하는 성도들을 가만 놔두지 않는다. 거룩한 삶에 대한 보상은커녕 자신들과 다르다고 핍박한다. 그러나 여기서 물러서면 안 된다. 우리 주님은 이 길을 이겨 내셨다. 그러므로 우리는 오늘도 주님의 도우심을 믿고 세상에 속하지 않는 삶을 살아나가야 한다.

요한복음 8:31-38 진리와 자유 되신 예수님

년 월 일

본문 요약 | 예수님은 자신의 말에 거하는 자가 진정한 제자가 되고 진리를 알게 될 것임을 말씀하신다. 또한 그 진리가 그들을 자유롭게 할 것이라고 하셨다. 모든 인간은 죄의 종이기에, 오직 예수 그리스도를 통해서만 자유함을 누릴 수 있다. 진정한 자유는 현실에 대한 도피로부터 생기는 것이 아니다. 진리이신 예수 그리스도께 속할 때 참 자유를 얻게 된다.

31 그러므로 예수께서 자기를 믿은 유대인들에게 이르시되 너희가 내 말
에 거하면 참으로 내 제자가 되고
32 진리를 알지니 진리가 너희를 자유롭게 하리라
33 그들이 대답하되 우리가 아브라함의 자손이라 남의 종이 된 적이 없거
늘 어찌하여 우리가 자유롭게 되리라 하느냐
34 예수께서 대답하시되 진실로 진실로 너희에게 이르노니 죄를 범하는
자마다 죄의 종이라
35 종은 영원히 집에 거하지 못하되 아들은 영원히 거하나니
36 그러므로 아들이 너희를 자유롭게 하면 너희가 참으로 자유로우리라
37 나도 너희가 아브라함의 자손인 줄 아노라 그러나 내 말이 너희 안에
있을 곳이 없으므로 나를 죽이려 하는도다
38 나는 내 아버지에게서 본 것을 말하고 너희는 너희 아비에게서 들은
것을 행하느니라

오늘의 묵상 진리이신 예수님 안에서만 인생은 진정으로 자유로워질 수 있다. 죄의 특성은 하나님께로부터의 독립에 있다. 마귀는 이것이 가능하다고 아담과 하와를 속였다(피조물인 인간이 하나님처럼 된다고 속였다_창 3:5). 그리고 선악과를 먹게 함으로써 그들로 하여금 하나님을 거역하게 했다. 진리이신 하나님을 벗어나는 것이 진정한 자유라고 마귀는 처음부터 속였던 것이다. 그러나 정말 그랬는가? 하나님을 떠난 인류는 불행해졌다. 이런 속임수는 오늘날도 계속되고 있다. 사람들은 자유를 탈출이라고 생각한다. 무언가에 얽매일수록 구속이요 속박이라고 생각한다. 그래서 자신들을 옭아맨다고 여겨지는 절대적인 것을 경계한다. 현대인들은 권위를 싫어한다. 성경을 싫어하고 하나님을 배척한다. 권위로부터 도망치는 것을 자유라고 생각한다. 그러나 이는 속임수다. 진정 자유하려면 주님께로 돌아가야 한다. 그분 안에만 진정한 자유가 있다(고후 3:17).

요한복음 8:39-47

영적 소속

년 월 일

본문 요약 | 유대인들은 자신들의 육신의 아버지는 아브라함이고, 영적인 유일한 아버지는 하나님이시라고 말한다. 그러나 예수님은 그들이 아브라함의 행위를 따르지 않을 뿐만 아니라, 하나님께로부터 온 자신을 믿지 않음이 그들의 아버지가 마귀인 증거라고 말씀하신다.

39 대답하여 이르되 우리 아버지는 아브라함이라 하니 예수께서 이르
시되 너희가 아브라함의 자손이면 아브라함이 행한 일들을 할 것이거
늘 40 지금 하나님께 들은 진리를 너희에게 말한 사람인 나를 죽이
려 하는도다 아브라함은 이렇게 하지 아니하였느니라 41 너희는 너희
아비가 행한 일들을 하는도다 대답하되 우리가 음란한 데서 나지 아
니하였고 아버지는 한 분뿐이시니 곧 하나님이시로다 42 예수께서 이
르시되 하나님이 너희 아버지였으면 너희가 나를 사랑하였으리니 이는
내가 하나님께로부터 나와서 왔음이라 나는 스스로 온 것이 아니요 아
버지께서 나를 보내신 것이니라 43 어찌하여 내 말을 깨닫지 못하느
냐 이는 내 말을 들을 줄 알지 못함이로다 44 너희는 너희 아비 마귀
에게서 났으니 너희 아비의 욕심대로 너희도 행하고자 하느니라 그는
처음부터 살인한 자요 진리가 그 속에 없으므로 진리에 서지 못하고 거
짓을 말할 때마다 제 것으로 말하나니 이는 그가 거짓말쟁이요 거짓
의 아비가 되었음이라 45 내가 진리를 말하므로 너희가 나를 믿지 아
니하는도다 46 너희 중에 누가 나를 죄로 책잡겠느냐 내가 진리를 말
하는데도 어찌하여 나를 믿지 아니하느냐 47 하나님께 속한 자는 하
나님의 말씀을 듣나니 너희가 듣지 아니함은 하나님께 속하지 아니하
였음이로다

오늘의 묵상 예수님은 이 세상에 크게 두 가지 영적 소속이 존재한다고 말씀하셨다. 예수님께 속한 삶과 마귀에게 속한 삶이다. 예수님은 마귀의 존재를 분명히 말씀하셨다. 그러니 우리도 마귀에 대해 잘 알아야 한다. 마귀는 진리를 왜곡시키며 어떻게든 사람들이 주님을 믿지 못하도록 만든다(벧전 5:8). 그러나 마귀가 전능한 존재는 아니다. 우리가 주의 이름으로 마귀를 대적하면 마귀는 우리를 피할 수밖에 없다(약 4:7). 예수 그리스도는 마귀의 일을 멸하려고 이 땅에 오셨다(요일 3:8). 그리스도의 구원사역으로 마귀는 이미 힘을 잃었다. 그러므로 성도는 마귀를 두려워할 필요가 없다. 위협적인 존재인 것은 분명하지만 우리를 교란시키는 것 외에 결코 성도를 마음대로 멸할 수 없다. 그렇기 때문에 우리가 바른 믿음 가운데 서서 주님을 따르면 마귀는 우리의 적수가 될 수 없다. 내 힘이 아니라 예수 그리스도의 능력으로 마귀가 질 수밖에 없기 때문이다.

요한복음 8:48-59 아브라함보다 먼저이신 예수님

년 월 일

본문 요약 | 유대인들은 예수님의 말씀에 더는 대항할 수 없자 예수님을 사마리아 사람과 귀신 들린 사람으로 인신공격한다. 그러나 예수님은 이에 개의치 않으시고 계속해서 여러 진리를 말씀하신다. 특히 아브라함이 태어나기 전부터 계셨던 자신의 신성을 숨김없이 드러내신다

48 유대인들이 대답하여 이르되 우리가 너를 사마리아 사람이라 또는
귀신이 들렸다 하는 말이 옳지 아니하냐 49 예수께서 대답하시되 나
는 귀신 들린 것이 아니라 오직 내 아버지를 공경함이거늘 너희가 나
를 무시하는도다 50 나는 내 영광을 구하지 아니하나 구하고 판단하
시는 이가 계시니라 51 진실로 진실로 너희에게 이르노니 사람이 내
말을 지키면 영원히 죽음을 보지 아니하리라 52 유대인들이 이르되 지
금 네가 귀신 들린 줄을 아노라 아브라함과 선지자들도 죽었거늘 네
말은 사람이 내 말을 지키면 영원히 죽음을 맛보지 아니하리라 하니
53 너는 이미 죽은 우리 조상 아브라함보다 크냐 또 선지자들도 죽었
거늘 너는 너를 누구라 하느냐 54 예수께서 대답하시되 내가 내게
영광을 돌리면 내 영광이 아무 것도 아니거니와 내게 영광을 돌리시
는 이는 내 아버지시니 곧 너희가 너희 하나님이라 칭하는 그이시라
55 너희는 그를 알지 못하되 나는 아노니 만일 내가 알지 못한다 하면
나도 너희 같이 거짓말쟁이가 되리라 나는 그를 알고 또 그의 말씀을
지키노라 56 너희 조상 아브라함은 나의 때 볼 것을 즐거워하다가 보
고 기뻐하였느니라 57 유대인들이 이르되 네가 아직 오십 세도 못되
었는데 아브라함을 보았느냐 58 예수께서 이르시되 진실로 진실로 너
희에게 이르노니 아브라함이 나기 전부터 내가 있느니라 하시니 59 그
들이 돌을 들어 치려 하거늘 예수께서 숨어 성전에서 나가시니라

오늘의 묵상

예수님과 대화를 나누던 유대인들은 도무지 예수님의 말씀을 이해하지 못했다. 그들의 생각이 철저하게 이 세상의 경험에 갇혀 있었기 때문이다. 특히 예수님이 아브라함보다 먼저 계셨다는 말씀에는 돌을 들어 예수님을 치려는 과격한 반응까지 보였다. 우리가 믿는 내용 중에는 우리의 경험을 초월한 말씀들이 많다(58절). 예수님이 아브라함보다 먼저 존재하셨다는 것은 예수님의 말씀을 통해서만 알 수 있을 뿐, 우리가 경험할 수 있는 것은 아니다. 그러므로 우리도 내가 경험하고 아는 내용이 믿음의 전부라고 생각하면 오산이다. 우리는 자신의 한계를 인정해야 한다. 확인된 것만 믿는 것도 부족한 믿음이다. 내 인식과 경험으로는 이해가 안 가도 주님의 말씀을 온전히 다 받아들이는 것이 진정한 신앙이다. 예수님은 도마에게 이렇게 말씀하셨다. '너는 나를 본 고로 믿느냐 보지 못하고 믿는 자들은 복되도다'(요 20:29).

요한복음 9:1-12 날 때부터 맹인 된 사람을 고치심

년 월 일

본문 요약 | 예수님이 길을 가시다가 날 때부터 맹인 된 사람을 보시고 그의 눈을 고쳐 주신다. 제자들이 이 사람이 그렇게 된 것이 누구의 죄 때문이냐고 묻자 예수님은 그를 통해 하나님의 일을 드러내시기 위함이라고 설명하신다. 이 사건은 빛이신 예수님을 드러내는 것으로, 인간 스스로는 고칠 수 없는 어둠도 예수 그리스도 안에서는 치유됨을 보여준다.

1 예수께서 길을 가실 때에 날 때부터 맹인 된 사람을 보신지라
2 제자들이 물어 이르되 랍비여 이 사람이 맹인으로 난 것이 누구의 죄로
인함이니이까 자기니이까 그의 부모니이까
3 예수께서 대답하시되 이 사람이나 그 부모의 죄로 인한 것이 아니라
그에게서 하나님이 하시는 일을 나타내고자 하심이라
4 때가 아직 낮이매 나를 보내신 이의 일을 우리가 하여야 하리라 밤이
오리니 그 때는 아무도 일할 수 없느니라
5 내가 세상에 있는 동안에는 세상의 빛이로라
6 이 말씀을 하시고 땅에 침을 뱉어 진흙을 이겨 그의 눈에 바르시고
7 이르시되 실로암 못에 가서 씻으라 하시니 (실로암은 번역하면 보냄을
받았다는 뜻이라) 이에 가서 씻고 밝은 눈으로 왔더라
8 이웃 사람들과 전에 그가 걸인인 것을 보았던 사람들이 이르되 이는
앉아서 구걸하던 자가 아니냐
9 어떤 사람은 그 사람이라 하며 어떤 사람은 아니라 그와 비슷하다
하거늘 자기 말은 내가 그라 하니
10 그들이 묻되 그러면 네 눈이 어떻게 떠졌느냐
11 대답하되 예수라 하는 그 사람이 진흙을 이겨 내 눈에 바르고 나더러
실로암에 가서 씻으라 하기에 가서 씻었더니 보게 되었노라
12 그들이 이르되 그가 어디 있느냐 이르되 알지 못하노라 하니라

오늘의 묵상 인간의 불행과 고난이 죄 때문이라는 생각은 오늘날에도 여전히 통용되는 생각이다. 사람들은 불행한 일을 겪게 되거나 질병에 걸리면 '내가 무슨 잘못을 했지?'라고 생각한다. 예수님을 믿는 사람들 가운데서도 이런 생각을 가진 사람들이 적지 않다. 물론 성경은 죄가 질병과 고통의 원인이라고 가르친다(5:14). 그러나 그것이 유일한 원인은 아니다. 본문과 같이, 하나님의 섭리를 드러내려는 목적에서 이루어지는 경우도 있다. 하나님이 요셉을 애굽으로 보내셔서 13년간의 괴로운 생활을 겪게 하신 것은 이스라엘을 번성하게 하시려는 하나님의 섭리를 이루시기 위한 것이었지, 요셉이 지은 죄가 있어서가 아니었다. 그러므로 우리는 어려움을 만날 때 기도하며 잘 분별해야 한다. 회개할 것은 회개해야 하지만 하나님의 섭리를 위한 것일 때는 의연하게 받아들여야 한다. 그리고 그 일을 통해 내 삶에 더하시려는 하나님의 뜻을 읽어야 한다(참고. 고후 1:9).

요한복음 9:13-23 보고 들어도 믿지 않는 사람들

년 월 일

본문 요약 I 예수님께 고침을 받아 눈을 뜬 사람을 만난 바리새인들은 그의 눈이 고침 받은 사실을 믿지 않았다. 오직 그들이 관심을 가졌던 것은 예수님이 안식일을 어겼다는 것뿐이었다. 서로 의견이 분분하자 그들은 남자의 부모를 불러 확인한다. 이렇듯 바리새인들은 예수님이 행하신 기적을 눈으로 보고 귀로 들었음에도 믿지 않았다.

13 그들이 전에 맹인이었던 사람을 데리고 바리새인들에게 갔더라
14 예수께서 진흙을 이겨 눈을 뜨게 하신 날은 안식일이라 15 그러
므로 바리새인들도 그가 어떻게 보게 되었는지를 물으니 이르되 그 사
람이 진흙을 내 눈에 바르매 내가 씻고 보나이다 하니 16 바리새인
중에 어떤 사람은 말하되 이 사람이 안식일을 지키지 아니하니 하
나님께로부터 온 자가 아니라 하며 어떤 사람은 말하되 죄인으로서
어떻게 이러한 표적을 행하겠느냐 하여 그들 중에 분쟁이 있었더니
17 이에 맹인되었던 자에게 다시 묻되 그 사람이 네 눈을 뜨게 하였으
니 너는 그를 어떠한 사람이라 하느냐 대답하되 선지자니이다 하니
18 유대인들이 그가 맹인으로 있다가 보게 된 것을 믿지 아니하고 그
부모를 불러 묻되 19 이는 너희 말에 맹인으로 났다 하는 너희 아들이
냐 그러면 지금은 어떻게 해서 보느냐 20 그 부모가 대답하여 이르되
이 사람이 우리 아들인 것과 맹인으로 난 것을 아나이다 21 그러나
지금 어떻게 해서 보는지 또는 누가 그 눈을 뜨게 하였는지 우리는 알
지 못하나이다 그에게 물어 보소서 그가 장성하였으니 자기 일을 말하
리이다 22 그 부모가 이렇게 말한 것은 이미 유대인들이 누구든지 예
수를 그리스도로 시인하는 자는 출교하기로 결의하였으므로 그들을 무서
워함이러라 23 이러므로 그 부모가 말하기를 그가 장성하였으니 그에
게 물어 보소서 하였더라

오늘의 묵상 어떤 사건을 만났을 때 그 진위 여부를 따져 보는 것은 지혜로운 태도다. 그러나 인간은 진실보다 자신이 원하는 답을 원하는 경우가 많다. 진실을 접하고도 애써 무시하거나 폐기함으로써 자신의 생각을 밀고 나간다. 본문의 유대인들이 그랬다. 그들은 증언을 통해 맹인의 눈을 뜨게 하신 분이 예수님인 사실을 확인했다. 그럼에도 그들은 믿지 않았다. 마치 그들은 무슨 일이 있어도 예수님을 절대로 믿지 않기로 작정한 사람들 같다. 여기서 알 수 있는 것은, 사실이 꼭 믿음을 만들어 내는 것은 아니라는 점이다. 그래서 믿음은 하나님의 선물이다. 어떤 사람은 증거를 들이대도 절대로 믿지 않는다. 인간의 마음이 얼마나 죄악되고 완악한가를 보여준다. 어떤 사실 앞에 진정으로 항복하는 것도 성도의 본분이다. 나도 혹시 진리 앞에서 쓸데없는 고집을 부리고 있는 것은 없는지 점검해 보자.

요한복음 9:24-34 고침 받은 사람의 신앙고백

년 월 일

본문 요약 | 바리새인들이 눈을 뜬 사람을 두 번째로 불러 말하자 그는 예수님에 대한 자신의 생각을 숨기지 않는다. 또한 예수님이 하나님께로부터 오신 분이 아니라면 어떻게 날 때부터 맹인인 자신을 고칠 수 있었겠느냐고 반문한다. 오늘 본문에서 육신의 눈과 함께 영적인 눈이 뜨인 맹인은 예수 그리스도에 대한 분명한 신앙을 공개적으로 고백한다.

24 이에 그들이 맹인이었던 사람을 두 번째 불러 이르되 너는 하나님
께 영광을 돌리라 우리는 이 사람이 죄인인 줄 아노라 25 대답하되
그가 죄인인지 내가 알지 못하나 한 가지 아는 것은 내가 맹인으로
있다가 지금 보는 그것이니이다 26 그들이 이르되 그 사람이 네게 무
엇을 하였느냐 어떻게 네 눈을 뜨게 하였느냐 27 대답하되 내가 이
미 일렀어도 듣지 아니하고 어찌하여 다시 듣고자 하나이까 당신들도
그의 제자가 되려 하나이까 28 그들이 욕하여 이르되 너는 그의 제자
이나 우리는 모세의 제자라 29 하나님이 모세에게는 말씀하신 줄을
우리가 알거니와 이 사람은 어디서 왔는지 알지 못하노라 30 그 사람
이 대답하여 이르되 이상하다 이 사람이 내 눈을 뜨게 하였으되 당신
들은 그가 어디서 왔는지 알지 못하는도다 31 하나님이 죄인의 말을
듣지 아니하시고 경건하여 그의 뜻대로 행하는 자의 말은 들으시는 줄
을 우리가 아나이다 32 창세 이후로 맹인으로 난 자의 눈을 뜨게 하였
다 함을 듣지 못하였으니 33 이 사람이 하나님께로부터 오지 아니하
였으면 아무 일도 할 수 없으리이다 34 그들이 대답하여 이르되 네가
온전히 죄 가운데서 나서 우리를 가르치느냐 하고 이에 쫓아내어 보내
니라

오늘의 묵상 오늘 본문은 날 때부터 맹인이었다가 고침을 받은 사람의 신앙고백을 소개하고 있다. 그는 바리새인들의 위협 앞에서도 전혀 굴하지 않았다. 그만큼 자신이 겪은 일이 하나님께서 행하신 일임을 확신했기 때문이다(32절). 진리에 사로잡힌 사람은 주변의 위협에 굴하지 않는다. 왜냐하면 자신이 경험한 주님의 은혜와 영광이 너무도 분명하고 커서 주변의 문제들을 상쇄하고도 남기 때문이다. 그러므로 주님의 영광에 사로잡히는 것이 신앙생활에서 반드시 필요하다. 말씀과 기도와 예배 등을 통하여 주님의 임재와 영광을 날마다 체험해야 한다. 세상을 이기지 못하고 세상에서 영향력이 부족하며 나약한 이유는, 우리가 세상을 잘 몰라서라기보다는 주님의 크심과 영광을 체험하지 못하고 있기 때문이다. 지금 당신의 삶은 주님의 영광에 사로잡혀 있는가? 그래서 주변의 어려움이 어려움으로 보이지 않는 신앙의 위대함을 경험하며 살고 있는가?

요한복음 9:35-41 영적 맹인

년 월 일

본문 요약 | 예수님이 바리새인들에 의해 쫓겨난 사람을 찾아오셔서 그 사람의 믿음을 더욱 확고히 해주신다. 또한 예수님이 이 세상에 오신 목적은 죄인들을 구원하시고, 자신을 거절하는 교만한 자들은 심판하시기 위함임도 말씀하신다. 교만은 영적인 시력을 마비시켜서 자신의 영적인 실상을 제대로 보지 못하게 만든다.

35 예수께서 그들이 그 사람을 쫓아냈다 하는 말을 들으셨더니 그를 만
나사 이르시되 네가 인자를 믿느냐
36 대답하여 이르되 주여 그가 누구시오니이까 내가 믿고자 하나이다
37 예수께서 이르시되 네가 그를 보았거니와 지금 너와 말하는 자가 그이
니라
38 이르되 주여 내가 믿나이다 하고 절하는지라
39 예수께서 이르시되 내가 심판하러 이 세상에 왔으니 보지 못하는 자들
은 보게 하고 보는 자들은 맹인이 되게 하려 함이라 하시니
40 바리새인 중에 예수와 함께 있던 자들이 이 말씀을 듣고 이르되 우리
도 맹인인가
41 예수께서 이르시되 너희가 맹인이 되었더라면 죄가 없으려니와 본다고
하니 너희 죄가 그대로 있느니라

오늘의 묵상 오늘 본문은 누가 진정한 맹인인가를 보여주는 말씀이다. 앞은 보여도 자신의 영적인 실상을 제대로 깨닫지 못하는 사람이 영적 맹인이다. 당시 바리새인들은 율법을 수호한다고 주장했지만 실제로는 율법의 진정한 정신을 잃어버리고 조항만 지키는 형식주의자들에 불과했다. 예수님은 이와 같은 자들이 진정한 맹인이라고 말씀하신다(39, 41절). 그러면 바리새인들은 왜 이런 영적 맹인이 되었는가? 그들의 영적 교만이 그 원인이다. 이 말씀은 그들의 영적 교만을 지적하신 것이다. 바리새인들은 율법을 보고 안다고 생각했으며 자신들은 그 율법의 판단자라고 생각했다. 자신들만이 율법의 온전한 정신을 계승한다는 교만과 착각에 빠져 있으면서 실제로는 율법의 정신은 놓치고 살았다(마 23:16-26). 본문이 주는 교훈은, 진정한 경건은 겸손과 자기 부정이 있어야 한다는 것이다. 되었다고 생각하는 순간 넘어질 수 있음을 인식하는 경건이 있어야 한다(고전 10:12)

요한복음 10:1-10

양의 문이신 예수님

년 월 일

본문 요약 | 예수님이 자신을 양의 문에 비유해 말씀하신다. 양의 우리에 들어갈 때 문으로 들어가는 사람이 목자며, 양은 목자의 음성만을 따른다. 문이신 예수님을 통하지 않는 사람은 모두 목자가 아니며, 양들도 양의 문이신 예수님을 통해서만 풍성함을 누린다.

1 내가 진실로 진실로 너희에게 이르노니 문을 통하여 양의 우리에 들어
가지 아니하고 다른 데로 넘어가는 자는 절도며 강도요
2 문으로 들어가는 이는 양의 목자라
3 문지기는 그를 위하여 문을 열고 양은 그의 음성을 듣나니 그가 자기
양의 이름을 각각 불러 인도하여 내느니라
4 자기 양을 다 내놓은 후에 앞서 가면 양들이 그의 음성을 아는 고로
따라오되
5 타인의 음성은 알지 못하는 고로 타인을 따르지 아니하고 도리어 도망
하느니라
6 예수께서 이 비유로 그들에게 말씀하셨으나 그들은 그가 하신 말씀이
무엇인지 알지 못하니라
7 그러므로 예수께서 다시 이르시되 내가 진실로 진실로 너희에게 말하노
니 나는 양의 문이라
8 나보다 먼저 온 자는 다 절도요 강도니 양들이 듣지 아니하였느니라
9 내가 문이니 누구든지 나로 말미암아 들어가면 구원을 받고 또는 들어
가며 나오며 꼴을 얻으리라
10 도둑이 오는 것은 도둑질하고 죽이고 멸망시키려는 것뿐이요 내가 온
것은 양으로 생명을 얻게 하고 더 풍성히 얻게 하려는 것이라

오늘의 묵상 예수님은 자신을 '양의 문'이라고 표현하셨다. 절대적인 표현을 사용하심으로 다른 문은 없다는 것을 분명히 하셨다(9절). 이렇듯 진리는 배타적이다. 예외를 허용하지 않기 때문이다. 그래서 하나님께서는 '너는 나 외에는 다른 신들을 네게 두지 말라'(출 20:3)고 하셨다. 사람들은 이런 기독교가 배타적이라고 싫어한다. 특히 개신교를 싫어한다. 불교와 천주교가 서로 대하하고 교류하며 서로의 모임에 참석하는 모습이 얼마나 보기 좋으냐는 반응이다. 물론 다른 문제라면 얼마든지 대화하고 수용해야 한다. 그러나 구원의 진리만큼은 양의 문이신 예수 그리스도만이 유일하시다. 이런 진리는 타협이 불가능하다. 물론 타협을 하면 많은 사람들의 마음에 들 수도 있다. 그러나 그것은 단지 일시적으로 사람을 위할 뿐이다(행 4:19). 유일한 문이 되시는 예수 그리스도를 통해서만 양의 우리로 들어갈 수 있음을 명심하자.

요한복음 10:11-21 선한 목자이신 예수님

년 월 일

본문 요약 | 예수님은 선한 목자시다. 선한 목자는 양들을 위하여 기꺼이 목숨을 버리며 관심을 갖고 양들을 돌본다. 반면에 품삯을 받고 양을 돌보는 삯꾼은 품삯에만 관심이 있어서 정작 위험이 닥치면 양을 버리고 달아난다. 예수님은 양들을 위해 스스로 목숨을 버리실 것이라 말씀하셨다. 즉, 선한 목자는 자기의 유익을 구하지 않고 양을 돌보는 사람이다.

11 나는 선한 목자라 선한 목자는 양들을 위하여 목숨을 버리거니와
12 삯꾼은 목자가 아니요 양도 제 양이 아니라 이리가 오는 것을 보면 양
을 버리고 달아나나니 이리가 양을 물어 가고 또 헤치느니라
13 달아나는 것은 그가 삯꾼인 까닭에 양을 돌보지 아니함이나
14 나는 선한 목자라 나는 내 양을 알고 양도 나를 아는 것이
15 아버지께서 나를 아시고 내가 아버지를 아는 것 같으니 나는 양을 위
하여 목숨을 버리노라
16 또 이 우리에 들지 아니한 다른 양들이 내게 있어 내가 인도하여야 할
터이니 그들도 내 음성을 듣고 한 무리가 되어 한 목자에게 있으리라
17 내가 내 목숨을 버리는 것은 그것을 내가 다시 얻기 위함이니 이로 말
미암아 아버지께서 나를 사랑하시느니라
18 이를 내게서 빼앗는 자가 있는 것이 아니라 내가 스스로 버리노라 나
는 버릴 권세도 있고 다시 얻을 권세도 있으니 이 계명은 내 아버지에
게서 받았노라 하시니라
19 이 말씀으로 말미암아 유대인 중에 다시 분쟁이 일어나니
20 그 중에 많은 사람이 말하되 그가 귀신 들려 미쳤거늘 어찌하여 그
말을 듣느냐 하며
21 어떤 사람은 말하되 이 말은 귀신 들린 자의 말이 아니라 귀신이 맹
인의 눈을 뜨게 할 수 있느냐 하더라

오늘의 묵상 선한 목자이신 예수님은 양을 위해 목숨을 버린다고 말씀하셨다(11,15절). 구약성경에서 하나님은 우리의 모든 필요를 채우시는 목자로 묘사된다. 하나님은 우리를 먹이시며 사망의 음침한 골짜기와 같은 위험에서 보호해 주신다. 그런데 본문에서 예수님은 이런 구약적 개념에 하나를 더하셔서 목자로서 양을 위해 목숨을 버린다고 말씀하셨다. 이는 그 양을 절대 포기하거나 놓치지 않으시겠다는 신적 선언이다. 예수님의 보호와 인도는 자신의 목숨을 담보로 했던 것이다. 그러므로 이 사랑을 누가 막을 수 있겠는가?(롬 8:39) 성도의 성도 됨은 예수 그리스도의 죽음을 담보로 확보된 것이다. 따라서 누구도 우리를 그분의 사랑에서 흔들 수 없다는 확신이 우리에게 있어야 한다. 세상 살기가 어렵다고 믿음이 흔들리는 일은 없어야 한다. 당신을 지키시기 위해서 목숨을 주셨던 그분은 오늘도 당신을 지키시기 위해 어떤 일이든지 행하실 것이다.

요한복음 10:22-30 유대인들의 요구

년 월 일

본문 요약 I 유대인의 명절인 수전절에 예수님이 성전 안 솔로몬 행각에서 유대인들에게 에워싸이신다. 그들은 예수님께 그리스도이시면 분명하게 답해 달라고 재촉한다. 이에 대해 예수님은 이미 자신이 누구인지 말씀하셨으나 저들이 믿지 않았다고 대답하신다. 예수님은 자신은 하나님과 한 분이심을 분명히 말씀하셨다.

22 예루살렘에 수전절이 이르니 때는 겨울이라

23 예수께서 성전 안 솔로몬 행각에서 거니시니

24 유대인들이 에워싸고 이르되 당신이 언제까지나 우리 마음을 의혹하게
하려 하나이까 그리스도이면 밝히 말씀하소서 하니

25 예수께서 대답하시되 내가 너희에게 말하였으되 믿지 아니하는도다 내
가 내 아버지의 이름으로 행하는 일들이 나를 증거하는 것이거늘

26 너희가 내 양이 아니므로 믿지 아니하는도다

27 내 양은 내 음성을 들으며 나는 그들을 알며 그들은 나를 따르느니라

28 내가 그들에게 영생을 주노니 영원히 멸망하지 아니할 것이요 또 그들
을 내 손에서 빼앗을 자가 없느니라

29 그들을 주신 내 아버지는 만물보다 크시매 아무도 아버지 손에서 빼앗
을 수 없느니라

30 나와 아버지는 하나이니라 하신대

오늘의 묵상 유대인들은 수전절에 또 다른 수전절(로마의 지배로부터의 정치적인 해방)을 예수님께 기대했다. 그러나 예수님은 그들의 요구에 응하지 않으셨다. 유대인들은 그들의 기대와 욕심을 채워 줄 메시아를 추구하고 있었기 때문이다. 성도는 비전과 욕심을 구별해야 한다. 비전이라는 이름으로 자신의 성공과 욕심을 추구하는 경우가 많기 때문이다. 비전과 욕심을 구분하려면 그 일이 진정으로 누구를 위한 것인가를 생각해 보아야 한다. 진정으로 하나님의 영광을 위한 일인가? 나는 그 일을 위해 어려움을 감수하는 것을 포함하여 얼마든지 사용되어도 상관없는가? 비전에 있어서 '주님도 좋고, 나도 좋고' 라는 생각은 위험하다. 물론 자신도 좋을 수는 있지만, 이것은 우리가 생각할 내용이 아니다. 종교적 명분을 내세우면서 사실은 자기 욕심이나 목적을 이루려 한다면 주님은 유대인들에게 하셨듯이 자신은 그런 메시아가 아니라고 말씀하실 것이다.

요한복음 10:31-42 예수님을 돌로 치려는 유대인들

년 월 일

본문 요약 | 유대인들이 예수님을 돌로 치려 하자 예수님은 '하나님의 말씀을 받은 사람들을 신이라'고 하신 성경말씀을 들어 자신을 변호하신다. 또한 예수님이 하시는 일이 하나님의 일과 다르지 않으니, 그 일을 보고 믿으라고 말씀하신다. 오늘 본문의 유대인들처럼 자신들의 기대 수준에 못 미친다고 메시아를 향해 돌을 집어 던지려는 것이 세상이다.

31 유대인들이 다시 돌을 들어 치려 하거늘 32 예수께서 대답하시되
내가 아버지로 말미암아 여러 가지 선한 일로 너희에게 보였거늘 그중
에 어떤 일로 나를 돌로 치려 하느냐 33 유대인들이 대답하되 선한
일로 말미암아 우리가 너를 돌로 치려는 것이 아니라 신성모독으로 인
함이니 네가 사람이 되어 자칭 하나님이라 함이로라 34 예수께서 이
르시되 너희 율법에 기록된바 내가 너희를 신이라 하였노라 하지 아니
하였느냐 35 성경은 폐하지 못하나니 하나님의 말씀을 받은 사람들
을 신이라 하셨거든 36 하물며 아버지께서 거룩하게 하사 세상에 보
내신 자가 나는 하나님의 아들이라 하는 것으로 너희가 어찌 신성모독
이라 하느냐 37 만일 내가 내 아버지의 일을 행하지 아니하거든 나를
믿지 말려니와 38 내가 행하거든 나를 믿지 아니할지라도 그 일은 믿
으라 그리하면 너희가 아버지께서 내 안에 계시고 내가 아버지 안에 있음
을 깨달아 알리라 하시니 39 그들이 다시 예수를 잡고자 하였으나 그
손에서 벗어나 나가시니라 40 다시 요단 강 저편 요한이 처음으로 세
례 베풀던 곳에 가사 거기 거하시니 41 많은 사람이 왔다가 말하되
요한은 아무 표적도 행하지 아니하였으나 요한이 이 사람을 가리켜 말
한 것은 다 참이라 하더라 42 그리하여 거기서 많은 사람이 예수를
믿으니라

오늘의 묵상 예수님은 자신을 어떻게든 믿지 않으려는 유대인들에게 일침을 가하신다. 예수님이 하나님의 아들이라고 하는 말씀에 유대인들이 신성모독죄를 언급하자 예수님은 율법에 언급된 '하나님의 말씀을 받은 사람들은 신'이라는 말씀으로 맞서신다. 예수님처럼 성경말씀에 대한 깊은 이해가 있어야 이단이나 잘못된 주장에 바르게 대처할 수 있다. 평소에 말씀을 가까이하는 것이 얼마나 소중한 일인가를 깨닫게 된다. 한편, 예수님은 하나님의 말씀을 받은 사람들을 신이라고 해석하셨다(시 82:6). 이 시편 말씀은 원래 하나님의 권위를 대행하는 재판관들에게 주신 것이었으나, 예수님은 하나님의 말씀을 맡은 모든 사람에게 적용하셨다. 그러므로 하나님의 말씀을 맡은 성도 모두는 신이라고 적용할 수 있다. 즉, 우리는 하나님의 자녀며 대단히 고귀한 존재라는 의미다. 우리는 능력이 없지만, 주님을 온전히 신뢰할 때 그분이 행하신 일들을 우리도 행할 것이다(15:7).

요한복음 11:1-6

예수님이 지체하신 이유

년 월 일

본문 요약 | 예수님이 평소에 사랑하시던 베다니에 사는 나사로가 병이 든다. 나사로의 여동생 마르다와 마리아는 예수님께 사람을 보내어 이 사실을 알린다. 그러나 예수님은 나사로의 병은 죽을 병이 아니라고 하시며 계시던 곳에서 이틀을 더 머무르셨다. 예수님의 지체하심은 의도적인 것이었고, 이를 통해 하나님의 크신 영광이 드러났다.

1 어떤 병자가 있으니 이는 마리아와 그 자매 마르다의 마을 베다니에
사는 나사로라
2 이 마리아는 향유를 주께 붓고 머리털로 주의 발을 닦던 자요 병든 나
사로는 그의 오라버니더라
3 이에 그 누이들이 예수께 사람을 보내어 이르되 주여 보시옵소서 사랑
하시는 자가 병들었나이다 하니
4 예수께서 들으시고 이르시되 이 병은 죽을 병이 아니라 하나님의 영광
을 위함이요 하나님의 아들이 이로 말미암아 영광을 받게 하려 함이라
하시더라
5 예수께서 본래 마르다와 그 동생과 나사로를 사랑하시더니
6 나사로가 병들었다 함을 들으시고 그 계시던 곳에 이틀을 더 유하시고

오늘의 묵상 예수님은 나사로 외에도 나인 성 과부의 아들과 야이로의 딸을 살리셨다(눅 7:11-17; 8:40-56). 그러나 두 사건은 본 사건과는 차이가 있다. 언급한 두 사건은 죽은 지 얼마 되지 않은 사람을 살리신 것이지만, 나사로의 경우는 죽은 지 4일이나 지나 냄새가 심하게 나는 송장을 살리신 것이다(39절). 다시 말해서 나사로 사건은 예수님이 하나님의 아들이심이 더욱 분명히 드러나는 사건이다. 예수님의 지체하심에는 이유가 있다. 바로 예수님이 하나님의 아들이심을 더욱 분명히 믿게 하시려는 것이다. 인간의 때와 주님의 때는 다르다. 우리가 "주님, 왜 지금 도와주지 않으십니까? 저희가 죽게 되었습니다"라고 말할 때에도 주님은 때로 응답을 미루신다. 이는 주님이 상황을 모르셔서가 아니다. 그러한 지체를 통해 우리의 믿음을 더욱 확실하게 하시기 위함이다. 인간의 힘으로 어찌할 수 없는 상황에 개입하심으로 주님이 우리 인생의 주인이심을 가르치신다.

요한복음 11:7-16 유대로 다시 가시는 예수님

년 월 일

본문 요약 | 예수님이 제자들에게 유대로 다시 가자고 말씀하신다. 제자들은 그곳에서 유대인들이 예수님을 돌로 치려 했던 사건을 기억하고 예수님을 만류한다. 그러나 예수님은 나사로를 살리시기 위해 유대로 향하자고 하신다. 예수님의 사역은 위험이 계속 따랐지만, 예수님은 하나님의 뜻을 이루시기 위해 이를 개의치 않으셨다.

7 그 후에 제자들에게 이르시되 유대로 다시 가자 하시니
8 제자들이 말하되 랍비여 방금도 유대인들이 돌로 치려 하였는데 또 그
리로 가시려 하나이까
9 예수께서 대답하시되 낮이 열두 시간이 아니냐 사람이 낮에 다니면
이 세상의 빛을 보므로 실족하지 아니하고
10 밤에 다니면 빛이 그 사람 안에 없는 고로 실족하느니라
11 이 말씀을 하신 후에 또 이르시되 우리 친구 나사로가 잠들었도다 그러
나 내가 깨우러 가노라
12 제자들이 이르되 주여 잠들었으면 낫겠나이다 하더라
13 예수는 그의 죽음을 가리켜 말씀하신 것이나 그들은 잠들어 쉬는 것을
가리켜 말씀하심인 줄 생각하는지라
14 이에 예수께서 밝히 이르시되 나사로가 죽었느니라
15 내가 거기 있지 아니한 것을 너희를 위하여 기뻐하노니 이는 너희로
믿게 하려 함이라 그러나 그에게로 가자 하시니
16 디두모라고도 하는 도마가 다른 제자들에게 말하되 우리도 주와 함께
죽으러 가자 하니라

오늘의 묵상 오늘 본문에서 예수님은 유대로 다시 발걸음을 옮기셨다. 그곳은 얼마 전에 예수님에게 돌을 던지려 했던 살기등등한 유대인들이 있는 곳이었다. 그러나 예수님은 제자들의 만류에도 그 길을 가셨다. 신변의 안전보다 더 중요한 하나님의 뜻을 이루시기 위한 걸음이셨다. 그러시면서 예수님은 '사람이 낮에 다니면 이 세상의 빛을 보므로 실족하지 않는다'는 말씀을 하신다(9절). 이 말씀의 진정한 의미는 예수 그리스도와 동행하는 인생은 비록 그것이 위태로워 보여도 진정 안전한 삶임을 가르치신 것이다. 반대로 예수님을 모른 채 세상에서 안전한 삶을 살아도 그 인생은 진정 위험에 처한 인생임을 알아야 한다. 주님을 모른 채 세상적인 부와 성공에 취해 있다면 이는 무의미한 것이다. 인생의 참된 목적이 우선되지 않았기 때문이다. 이것이 우리가 지위 고하를 막론하고 예수 그리스도를 모르는 세상 사람들에게 복음을 전해야 하는 이유다.

요한복음 11:17-27 부활과 생명의 주

년 월 일

본문 요약 | 예수님이 나사로가 있는 곳에 도착하셨을 때는 이미 나사로가 죽은 지 4일이 지난 뒤였다. 많은 사람들이 마르다와 마리아를 위로하고 있는 가운데 마르다는 예수님을 맞이한다. 마르다는 '부활이요 생명'이신 예수님을 믿느냐는 질문에 그렇다고 답했지만, 자기 오라비가 죽은 지 4일 만에 다시 살아날 것이라고는 믿지 않았다.

17 예수께서 와서 보시니 나사로가 무덤에 있은 지 이미 나흘이라
18 베다니는 예루살렘에서 가깝기가 한 오 리쯤 되매
19 많은 유대인이 마르다와 마리아에게 그 오라비의 일로 위문하러 왔더니
20 마르다는 예수께서 오신다는 말을 듣고 곧 나가 맞이하되 마리아는 집
에 앉았더라
21 마르다가 예수께 여짜오되 주께서 여기 계셨더라면 내 오라버니가 죽
지 아니하였겠나이다
22 그러나 나는 이제라도 주께서 무엇이든지 하나님께 구하시는 것을 하
나님이 주실 줄을 아나이다
23 예수께서 이르시되 네 오라비가 다시 살아나리라
24 마르다가 이르되 마지막 날 부활 때에는 다시 살아날 줄을 내가 아나
이다
25 예수께서 이르시되 나는 부활이요 생명이니 나를 믿는 자는 죽어도 살
겠고
26 무릇 살아서 나를 믿는 자는 영원히 죽지 아니하리니 이것을 네가 믿
느냐
27 이르되 주여 그러하외다 주는 그리스도시요 세상에 오시는 하나님의 아
들이신 줄 내가 믿나이다

오늘의 묵상 예수님을 만난 마르다는 겉으로 보면 무엇이든지 예수님이 하실 수 있다는 믿음의 고백을 하는 것 같지만(22절) 실제로는 지금 당장 주님이 나사로를 살리실 것이라고는 믿지 않았다(24절). 우리도 예수님을 믿는다고 말하지만 실제로는 예수님의 능력을 믿지 못하는 경우가 있다. 막상 어려운 일을 만나면 믿음이 흔들린다. 내 믿음이 추상적이고 관념적인 것이 되지 않고 실제적인 믿음이 되도록 힘써야 한다. 한편, 예수님이 재차 마르다의 믿음을 요구하시자 마르다는 베드로처럼 예수님이 하나님의 아들이심을 고백한다(27절). 그러나 이 고백도 완전한 고백은 아니었다(39절). 나의 고백이 곧 나의 신앙은 아니다. 말과 행동은 언제나 차이가 있기 마련이다. 그러므로 성도는 말과 고백을 앞세우기보다 순종과 충성을 앞세워야 할 것이다. 말은 가급적 적게 하고 주님을 향한 진실한 충성이 선행하는 성도가 되어야 한다.

요한복음 11:28-37 예수님의 눈물

년 월 일

본문 요약 | 마르다가 돌아간 후 예수님은 같은 장소에서 마리아를 만나신다. 마리아는 마르다와는 달리 슬픔을 눈물로 나타낸다. 그리고 예수님도 나사로의 무덤 앞에서 눈물을 흘리신다. 한편, 예수님의 눈물에 사람들의 반응은 제각각이었는데, 예수님은 죽음에 괴로워하는 인생들의 비참한 현실을 보시면서 그들과 함께 눈물을 흘리신 것이다.

28 이 말을 하고 돌아가서 가만히 그 자매 마리아를 불러 말하되 선생님
이 오셔서 너를 부르신다 하니
29 마리아가 이 말을 듣고 급히 일어나 예수께 나아가매
30 예수는 아직 마을로 들어오지 아니하시고 마르다가 맞이했던 곳에 그대
로 계시더라
31 마리아와 함께 집에 있어 위로하던 유대인들은 그가 급히 일어나 나
가는 것을 보고 곡하러 무덤에 가는 줄로 생각하고 따라가더니
32 마리아가 예수 계신 곳에 가서 뵈옵고 그 발 앞에 엎드리어 이르되 주
께서 여기 계셨더라면 내 오라버니가 죽지 아니하였겠나이다 하더라
33 예수께서 그가 우는 것과 또 함께 온 유대인들이 우는 것을 보시고
심령에 비통히 여기시고 불쌍히 여기사
34 이르시되 그를 어디 두었느냐 이르되 주여 와서 보옵소서 하니
35 예수께서 눈물을 흘리시더라
36 이에 유대인들이 말하되 보라 그를 얼마나 사랑하셨는가 하며
37 그 중 어떤 이는 말하되 맹인의 눈을 뜨게 한 이 사람이 그 사람은
죽지 않게 할 수 없었더냐 하더라

오늘의 묵상 예수님은 마리아와 사람들이 슬퍼하는 모습을 보시면서 비통한 마음과 불쌍한 마음을 동시에 가지셨다. 죄로 인해 죽을 수밖에 없는 인생들의 비참한 모습을 보시며 함께 공감하셨다. 우리는 여기에서 두 가지를 기억해야 한다. 첫째, 우리도 주님처럼 인생의 희로애락을 겪는 사람들과 함께 공감할 줄 알아야 한다. 때로 그들의 믿음이 부족하여 인간적으로 약한 모습을 보일 수 있다. 그러나 그렇다고 해서 그 사람들을 정죄하거나 가르치기보다는 함께 공감해야 한다(롬 12:15-16). 둘째, 진정한 경건은 인간적인 다정다감함을 공유한다는 것을 기억하자. 본서에서 사도 요한은 예수님의 인간적인 모습을 있는 그대로 표현했다. 진정으로 위대한 사람은 눈물이 있는 사람이다. 개인적이고 감정적인 인간의 모습이 사라지는 것이 경건은 아니다. 진짜 믿음 있는 사람은 투사와 같이 냉정한 것이 아니라 따뜻하고 다정한 사람이다.

요한복음 11:38-46 다시 살아난 나사로

년 월 일

본문 요약 | 예수님이 죽은 지 4일이나 지난 나사로를 살리신다. 예수님은 막아 놓은 무덤의 돌을 옮겨 놓으라고 말씀하신 후, 하늘을 향하여 기도하시고 나사로를 무덤에서 불러내셨다. 부활과 생명의 주인이신 예수님만이 죽은 자를 무덤에서 다시 살리실 수 있다. 마찬가지로 죄로 죽었던 우리를 영원한 형벌로부터 구원하실 분도 오직 예수님뿐이시다.

38 이에 예수께서 다시 속으로 비통히 여기시며 무덤에 가시니 무덤이 굴
이라 돌로 막았거늘
39 예수께서 이르시되 돌을 옮겨 놓으라 하시니 그 죽은 자의 누이 마르다
가 이르되 주여 죽은 지가 나흘이 되었으매 벌써 냄새가 나나이다
40 예수께서 이르시되 내 말이 네가 믿으면 하나님의 영광을 보리라 하지
아니하였느냐 하시니
41 돌을 옮겨 놓으니 예수께서 눈을 들어 우러러보시고 이르시되 아버지여
내 말을 들으신 것을 감사하나이다
42 항상 내 말을 들으시는 줄을 내가 알았나이다 그러나 이 말씀 하옵는
것은 둘러선 무리를 위함이니 곧 아버지께서 나를 보내신 것을 그들로
믿게 하려 함이니이다
43 이 말씀을 하시고 큰 소리로 나사로야 나오라 부르시니
44 죽은 자가 수족을 베로 동인 채로 나오는데 그 얼굴은 수건에 싸였더
라 예수께서 이르시되 풀어 놓아 다니게 하라 하시니라
45 마리아에게 와서 예수께서 하신 일을 본 많은 유대인이 그를 믿었으나
46 그 중에 어떤 자는 바리새인들에게 가서 예수께서 하신 일을 알리니라

오늘의 묵상 예수님은 죽은 지 4일이나 지나 부패하여 냄새나는 나사로를 살리셨다. 이 사건은 여러 가지 의의를 갖는다. 첫째, 예수님이 부활이요 생명이신 메시아심을 증명하는 가장 극적인 사건이다. 둘째, 이 사건을 통하여 예수님 자신도 사흘 만에 넉넉히 부활하실 수 있으심을 예고하셨다. 셋째, 예수님이 죄와 사망에 빠져 죽어 있는 인생들을 살리시는 분이심을 드러내셨다. 성경은 우리가 죄로 인하여 죽었던 사람들이라고 표현한다(엡 2:1). 그런 우리를 살리신 분이 예수님이시다. 주님은 오늘도 큰 소리로 사망에 속한 죄인들을 불러내셔서 생명을 주고 계신다. 죽은 지 4일이나 지난 나사로처럼 아무리 가망 없고 상태가 나쁜 인생일지라도 주님께서 살리시고 구원하실 수 있으심을 드러낸다. 우리도 이런 주님을 믿으면서, 절대로 예수님을 믿을 것 같지 않은 주변의 영혼을 위해서도 그들을 구원해 주시기를 간구하자.

요한복음 11:47-57 예수님을 죽이기로 모의함

년 월 일

본문 요약 | 예수님이 나사로를 살리신 일이 유대인들에 의해 바리새인들에게 알려지자, 대제사장들과 바리새인들은 산헤드린 공회를 열어 이 문제를 의논한다. 결국 그들은 가야바의 말을 따라 예수님을 잡아 죽이려고 공적으로 모의한다. 예수님이 메시아가 되시는 가장 결정적인 증거에 세상이 보인 반응은 오히려 예수님을 죽이려는 것이었다.

47 이에 대제사장들과 바리새인들이 공회를 모으고 이르되 이 사람이
많은 표적을 행하니 우리가 어떻게 하겠느냐 48 만일 그를 이대로
두면 모든 사람이 그를 믿을 것이요 그리고 로마인들이 와서 우리 땅
과 민족을 빼앗아 가리라 하니 49 그 중의 한 사람 그 해의 대제사
장인 가야바가 그들에게 말하되 너희가 아무 것도 알지 못하는도다
50 한 사람이 백성을 위하여 죽어서 온 민족이 망하지 않게 되는 것이
너희에게 유익한 줄을 생각하지 아니하는도다 하였으니 51 이 말은 스
스로 함이 아니요 그 해의 대제사장이므로 예수께서 그 민족을 위하시
고 52 또 그 민족만 위할 뿐 아니라 흩어진 하나님의 자녀를 모아
하나가 되게 하기 위하여 죽으실 것을 미리 말함이러라 53 이 날부
터는 그들이 예수를 죽이려고 모의하니라 54 그러므로 예수께서 다시
유대인 가운데 드러나게 다니지 아니하시고 거기를 떠나 빈 들 가까
운 곳인 에브라임이라는 동네에 가서 제자들과 함께 거기 머무르시니
라 55 유대인의 유월절이 가까우매 많은 사람이 자기를 성결하게 하
기 위하여 유월절 전에 시골에서 예루살렘으로 올라갔더니 56 그들
이 예수를 찾으며 성전에 서서 서로 말하되 너희 생각에는 어떠하냐
그가 명절에 오지 아니하겠느냐 하니 57 이는 대제사장들과 바리새
인들이 누구든지 예수 있는 곳을 알거든 신고하여 잡게 하라 명령하였
음이러라

오늘의 묵상 예수님의 표적이 반복되고 더 크게 나타날수록 유대인들은 더욱 예수님을 배척했다. 예수님이 죽은 지 4일이나 지난 나사로를 살리시자 급기야 유대 종교지도자들은 공식적으로 예수님을 죽일 모의를 한다. 예수님의 메시아 되심이 더욱 분명해질수록 그들의 계획도 더 노골화되고 있었다. 이는 표면적으로는 그들의 지위가 위협을 받는 것 때문이었지만, 사실은 그들의 배후에 마귀가 있었기 때문이다(8:44). 은혜가 충만할수록 모든 일들이 내 뜻대로 될 것이라고 생각하면 오산이다. 그럴수록 오히려 세상의 저항과 반대가 강해진다. 세상의 배후에 마귀가 있고, 자신의 일에 위기감을 느낀 마귀가 그 세상을 조종하기 때문이다. 그러므로 주님이 그러셨듯이 우리의 신자 됨이 분명해질수록 어려움도 이전보다 커질 수 있음을 기억하고 낙심하는 일이 없어야 한다.

요한복음 12:1-8 마리아의 헌신

년 월 일

본문 요약 | 예수님이 나사로의 집에서 잔치하실 때 마리아가 귀한 향유를 가져다가 예수님의 발에 붓고 자기 머리털로 예수님의 발을 닦아 드린다. 가룟 유다는 이를 보고 낭비라고 말하나, 예수님은 마리아의 행동이 자신의 장례를 미리 준비한 것이라고 평가하신다. 아무도 몰라주었지만 마리아의 헌신은 오직 예수님만이 알아주신 헌신이었다.

1 유월절 엿새 전에 예수께서 베다니에 이르시니 이 곳은 예수께서 죽
은 자 가운데서 살리신 나사로가 있는 곳이라
2 거기서 예수를 위하여 잔치할새 마르다는 일을 하고 나사로는 예수와
함께 앉은 자 중에 있더라
3 마리아는 지극히 비싼 향유 곧 순전한 나드 한 근을 가져다가 예수의
발에 붓고 자기 머리털로 그의 발을 닦으니 향유 냄새가 집에 가득하
더라
4 제자 중 하나로서 예수를 잡아 줄 가룟 유다가 말하되
5 이 향유를 어찌하여 삼백 데나리온에 팔아 가난한 자들에게 주지 아
니하였느냐 하니
6 이렇게 말함은 가난한 자들을 생각함이 아니요 그는 도둑이라 돈궤를
맡고 거기 넣는 것을 훔쳐 감이러라
7 예수께서 이르시되 그를 가만두어 나의 장례할 날을 위하여 그것을
간직하게 하라
8 가난한 자들은 항상 너희와 함께 있거니와 나는 항상 있지 아니하리
라 하시니라

오늘의 묵상 마리아가 보여준 헌신은 몇 가지 특징이 있다. 첫째, 예수님만이 알아주시는 헌신이었다. 예수님의 제자들조차 이해하지 못한 헌신이었지만 예수님께서는 자신의 장례를 준비하는 것이라고 분명히 말씀하셨다. 이처럼 마리아의 헌신은 아무도 몰라주는 헌신이었지만 예수님께서 알아주셨다. 진정한 헌신은 주님과 나만 아는 헌신일 수 있다. 둘째, 사람들은 오해한 헌신이었다. 그저 몰라주는 정도가 아니라 적극적으로 마리아를 괴롭게 했다. 그것도 가장 잘 이해해야 하는 제자들에 의해서 괴로움을 당했다. 예수님께 헌신하다 보면 가장 가까운 사람과 성도가 오해하는 경우가 종종 있다. 사람이 몰라준다고 섭섭해 하거나 굴하지 않아야 한다. 셋째, 힘을 다한 헌신이었다. 마리아는 쓰다 남은 것을 드리지 않았다. 자신에게 있던 가장 귀한 것을 드렸다. 이처럼 우리도 시간과 물질 등 우리에게 있는 최선을 다하여 주의 일에 헌신할 수 있어야 한다.

요한복음 12:9-16 **예수님의 예루살렘 입성**

년 월 일

본문 요약 | 대제사장들이 나사로까지 죽이려고 모의하는 가운데 예수님이 예루살렘으로 들어가신다. 사람들은 종려 나무 가지를 흔들며 열광적으로 예수님을 맞았지만, 예수님은 어린 나귀를 타신 겸손한 모습이셨다. 십자가의 길을 위해서 마지막 길을 가시는 예수님은 세상적인 영광을 취하는 모습이 아니셨다.

9 유대인의 큰 무리가 예수께서 여기 계신 줄을 알고 오니 이는 예수만
보기 위함이 아니요 죽은 자 가운데서 살리신 나사로도 보려 함이러라
10 대제사장들이 나사로까지 죽이려고 모의하니
11 나사로 때문에 많은 유대인이 가서 예수를 믿음이러라
12 그 이튿날에는 명절에 온 큰 무리가 예수께서 예루살렘으로 오신다는
것을 듣고
13 종려나무 가지를 가지고 맞으러 나가 외치되 호산나 찬송하리로다 주
의 이름으로 오시는 이 곧 이스라엘의 왕이시여 하더라
14 예수는 한 어린 나귀를 보고 타시니
15 이는 기록된 바 시온 딸아 두려워하지 말라 보라 너의 왕이 나귀 새끼
를 타고 오신다 함과 같더라
16 제자들은 처음에 이 일을 깨닫지 못하였다가 예수께서 영광을 얻으신
후에야 이것이 예수께 대하여 기록된 것임과 사람들이 예수께 이같이
한 것임이 생각났더라

오늘의 묵상 예수님은 어린 나귀를 타신 겸손한 모습으로 예루살렘에 입성하셨다. 사람들의 기대와는 다른 초라한 모습이셨다. 이런 입성은 이미 구약 스가랴서에 예언된 것이었다. 왜 예수님은 이런 모습으로 입성하시는가? 그것은 예수님이 이제 이루시려는 구원이 사람들의 욕심을 이루어 주는 것이 아니라 그들의 죄를 위해 죽으셔야 하는 것임을 보이시려는 것이다. 기독교의 본질은 죄로부터의 구원이지 물질적 성공이나 잘됨이 아니다. 교회는 이런 면에서 주님의 정신을 이어가야 한다. 교회가 영광과 성공을 추구하면 세상에는 소망이 없다. 교회가 세속화되어 가고 세상처럼 물질에 욕심을 가지며 성도들에게 세상적 성공을 신앙의 마땅한 대가처럼 가르친다면 나귀를 타신 예수님의 정신은 없어지는 것이다. 예수님은 세상이 예수님을 보며 그들의 욕심을 이루려 할까 봐 일부러 겸손하고 초라한 모습으로 어린 나귀를 타셨다. 우리도 그래야 한다.

요한복음 12:17-26 예수님의 영광이 드러날 때

년 월 일

본문 요약 | 예수님이 예루살렘에 이르셨을 때, 베다니에서 나사로를 살리신 일 때문에 많은 사람들이 예수님을 따랐다. 그중에는 명절에 예배하러 올라온 헬라인들도 포함되어 있었다. 그들이 예수님을 뵙고자 청했을 때, 예수님은 이제 인자가 모든 사람을 위해 죽을 영광의 때가 왔다고 말씀하시며, 십자가 죽음을 제자들에게 예고하신다.

17 나사로를 무덤에서 불러내어 죽은 자 가운데서 살리실 때에 함께 있
던 무리가 증언한지라
18 이에 무리가 예수를 맞음은 이 표적 행하심을 들었음이러라
19 바리새인들이 서로 말하되 볼지어다 너희 하는 일이 쓸 데 없다 보라
온 세상이 그를 따르는도다 하니라
20 명절에 예배하러 올라온 사람 중에 헬라인 몇이 있는데
21 그들이 갈릴리 벳새다 사람 빌립에게 가서 청하여 이르되 선생이여 우
리가 예수를 뵈옵고자 하나이다 하니
22 빌립이 안드레에게 가서 말하고 안드레와 빌립이 예수께 가서 여쭈니
23 예수께서 대답하여 이르시되 인자가 영광을 얻을 때가 왔도다
24 내가 진실로 진실로 너희에게 이르노니 한 알의 밀이 땅에 떨어져 죽
지 아니하면 한 알 그대로 있고 죽으면 많은 열매를 맺느니라
25 자기의 생명을 사랑하는 자는 잃어버릴 것이요 이 세상에서 자기의
생명을 미워하는 자는 영생하도록 보전하리라
26 사람이 나를 섬기려면 나를 따르라 나 있는 곳에 나를 섬기는 자도 거
기 있으리니 사람이 나를 섬기면 내 아버지께서 그를 귀히 여기시리라

오늘의 묵상 예수님은 이방인들이 만나기를 청하자 제자들에게 이제 인자가 영광을 얻을 때가 왔다고 말씀하셨다. 그러나 정작 영광을 얻으시는 방법은 십자가의 죽으심을 통해서라고 강조하셨다. 더 나아가 예수님은 이러한 예수님의 삶이 모든 믿는 자들의 삶이 되어야 할 것도 가르치셨다(26절). '죽어야 사는 것'은 기독교의 역설(paradox)이다. 내가 죽을 때 그리스도께서 사신다. 죄에 대하여, 욕심에 대하여 죽을 때 그것이 영광이 되는 삶으로 이어진다. 교회에서도 내 자아가 죽을 때 그것이 하나님께 영광이 된다. 사람들이 나를 알아주지 않는다고 섭섭해 하고, 내 존재 가치가 드러나지 않는다고 원망하면 진정한 하나님의 영광을 이룰 수 없다. 주님을 따르는 제자들은 그런 삶을 살아서는 안 된다. 주 안에서 오히려 내 존재가 감추어지고 오직 주님만 드러나실 때, 그것이 주님과 당신을 위한 가장 큰 영광을 이루는 길임을 기억하자.

요한복음 12:27-36 십자가를 지게 되실 예수님

년 월 일

본문 요약 | 십자가의 때를 맞이하시는 예수님은 인간적 괴로움도 표현하시나, 이내 그 길을 통해서 하나님을 영광스럽게 하시길 원하신다. 하늘도 이에 응답하시자, 예수님은 다시 자신의 죽음을 통해 마귀가 쫓겨나고 모든 사람들이 예수님께 돌아올 것도 말씀하신다.

27 지금 내 마음이 괴로우니 무슨 말을 하리요 아버지여 나를 구원하여
이 때를 면하게 하여 주옵소서 그러나 내가 이를 위하여 이 때에 왔
나이다 28 아버지여, 아버지의 이름을 영광스럽게 하옵소서 하시니 이
에 하늘에서 소리가 나서 이르되 내가 이미 영광스럽게 하였고 또다시
영광스럽게 하리라 하시니 29 곁에 서서 들은 무리는 천둥이 울었다
고도 하며 또 어떤 이들은 천사가 그에게 말하였다고도 하니 30 예
수께서 대답하여 이르시되 이 소리가 난 것은 나를 위한 것이 아니요
너희를 위한 것이니라 31 이제 이 세상에 대한 심판이 이르렀으니 이
세상의 임금이 쫓겨나리라 32 내가 땅에서 들리면 모든 사람을 내게
로 이끌겠노라 하시니 33 이렇게 말씀하심은 자기가 어떠한 죽음으로
죽을 것을 보이심이러라 34 이에 무리가 대답하되 우리는 율법에서 그
리스도가 영원히 계신다 함을 들었거늘 너는 어찌하여 인자가 들려야
하리라 하느냐 이 인자는 누구냐 35 예수께서 이르시되 아직 잠시 동
안 빛이 너희 중에 있으니 빛이 있을 동안에 다녀 어둠에 붙잡히지 않
게 하라 어둠에 다니는 자는 그 가는 곳을 알지 못하느니라 36 너희
에게 아직 빛이 있을 동안에 빛을 믿으라 그리하면 빛의 아들이 되리
라 예수께서 이 말씀을 하시고 그들을 떠나가서 숨으시니라

오늘의 묵상 십자가의 고통을 느끼신 예수님께서는 괴로움을 표현하셨다. 예수님은 육신을 입으시고 인성을 가지고 계셨기에 인간이 느끼는 모든 공포와 두려움을 느끼셨다. 그럼에도 예수님은 곧바로 자신의 길을 인정하시며 아버지의 뜻에 순종하실 것을 말씀하셨다(27-28절). 예수님이 하나님의 아들이시므로 고통 없이 십자가를 통한 구속의 길을 이루셨다면 우리가 느끼는 구원의 감동이 그리 크지 않을 수도 있다. 그러나 예수님은 인간의 두려움과 감정을 그대로 가지고 십자가를 지셨다. 이것은 우리에게 큰 위로가 된다. 우리도 이 세상에서 자기의 십자가를 지고 예수님을 따른다. 예수님을 믿고 따른다고 고통 자체가 없는 삶을 사는 것은 아니다. 그러나 그럼에도 불구하고 주님이 하신 것처럼 하나님의 영광을 위해 살 때 우리는 주님의 뒤를 따르는 제자가 되는 것이다. 하나님께서는 예수님께 하신 것처럼 우리가 가는 길에 화답하시고 힘을 주실 것이다.

요한복음 12:37-43 여전한 유대인들의 불신앙

년 월 일

본문 요약 I 예수님이 수많은 표적을 사람들 앞에서 행하셨음에도 유대인들은 여전히 예수님을 믿지 않는다. 이것은 이사야 선지자의 예언에도 기록된 내용으로, 유대인들의 불신앙은 완고한 마음에서 비롯된 것임을 말하고 있다. 예수님이 행하신 표적을 보면서도 믿지 않는 것이 인간의 죄성이다.

37 이렇게 많은 표적을 그들 앞에서 행하셨으나 그를 믿지 아니하니
38 이는 선지자 이사야의 말씀을 이루려 하심이라 이르되 주여 우리에게
서 들은 바를 누가 믿었으며 주의 팔이 누구에게 나타났나이까 하였더
라
39 그들이 능히 믿지 못한 것은 이 때문이니 곧 이사야가 다시 일렀으되
40 그들의 눈을 멀게 하시고 그들의 마음을 완고하게 하셨으니 이는 그들
로 하여금 눈으로 보고 마음으로 깨닫고 돌이켜 내게 고침을 받지 못하
게 하려 함이라 하였음이더라
41 이사야가 이렇게 말한 것은 주의 영광을 보고 주를 가리켜 말한 것이
라
42 그러나 관리 중에도 그를 믿는 자가 많되 바리새인들 때문에 드러나
게 말하지 못하니 이는 출교를 당할까 두려워함이라
43 그들은 사람의 영광을 하나님의 영광보다 더 사랑하였더라

오늘의 묵상 요 12:26을 끝으로 요한복음에서 기록하는 예수님의 대중 사역은 마감된다. 요한은 오늘 본문(12:37–43)에서 '유대인들은 예수님을 믿지 않았다'고 기록한다(37절). 예수님을 믿는 사람들이 전혀 없었다는 말씀은 아니지만 믿지 않는 사람들이 더 많았다는 말이다. 어떤 사람들은 예수께서 진정 하나님의 아들이셨고 많은 기적을 실제로 행하셨다면 유대인들의 편견이 아무리 심했어도 이를 꺾었어야 했다고 말한다. 그러면서 무언가 석연치 않은 부분이 있기에 예수께서 거부당하신 것이라고 말한다. 그러나 기독교에 대한 이러한 공격이야말로 기독교 교리를 가장 분명하게 옹호한다. 인간의 부패는 우리가 상상하는 것보다 더 심각하다. 그러므로 예수님이 십자가를 지시는 길 외에는 인간의 죄 문제를 해결할 방법이 없다. 우리를 죄에서 구원하신 주님의 은혜에 다시 한 번 감사를 드리자.

요한복음 12:44-50 구원과 심판

년 월 일

본문 요약 I 예수님은 다시 한 번 유대인들을 향하여 하나님이 보내신 자신을 믿으라고 외치신다. 또한 자신은 세상의 심판이 아니라 구원을 위해서 왔기에 누구든지 아직 기회가 있다고 말씀하신다. 그러나 그럼에도 예수님을 저버리는 사람에게는 예수님의 초청 자체가 심판의 근거가 됨을 말씀하신다.

44 예수께서 외쳐 이르시되 나를 믿는 자는 나를 믿는 것이 아니요 나를
보내신 이를 믿는 것이며
45 나를 보는 자는 나를 보내신 이를 보는 것이니라
46 나는 빛으로 세상에 왔나니 무릇 나를 믿는 자로 어둠에 거하지 않게
하려 함이로라
47 사람이 내 말을 듣고 지키지 아니할지라도 내가 그를 심판하지 아니하
노라 내가 온 것은 세상을 심판하려 함이 아니요 세상을 구원하려 함
이로라
48 나를 저버리고 내 말을 받지 아니하는 자를 심판할 이가 있으니 곧 내
가 한 그 말이 마지막 날에 그를 심판하리라
49 내가 내 자의로 말한 것이 아니요 나를 보내신 아버지께서 내가 말할
것과 이를 것을 친히 명령하여 주셨으니
50 나는 그의 명령이 영생인 줄 아노라 그러므로 내가 이르는 것은 내 아
버지께서 내게 말씀하신 그대로니라 하시니라

오늘의 묵상 본문은 요한복음이 기록하고 있는 대중을 향한 예수님의 마지막 설교다. 그런 만큼 예수님의 안타까운 심정이 드러나 있다. 예수님은 큰 소리로 외치시며 안타까운 마음으로 대중들에게 믿음을 촉구하셨다. 예수님은 끝까지 그들을 포기하지 않으셨다. 그런 예수님에게는 복음의 내용뿐만이 아니라 복음을 전하는 자의 간절한 사랑이 있었다. 바울도 같은 내용을 언급한 적이 있다. 바울은 데살로니가 교인들을 향하여 하나님의 말씀뿐만이 아니라 목숨까지도 기꺼이 주기를 원했다(살전 2:8). 복음을 전하는 자에게는 이 두 가지가 같이 있어야 한다. 복음의 내용과 함께 상대방을 향한 간절한 사랑이 그것이다. 물론 믿음은 하나님의 선물이다(엡 2:8). 그러나 그렇다고 해서 믿지 않는 자에게 형식적으로 복음을 전해서는 안 된다. 영혼을 사랑하는 열정으로 최선을 다해서 예수 그리스도를 전해야 한다.

요한복음 13:1-11 제자들의 발을 씻으신 예수님

년 월 일

본문 요약 | 이 세상을 떠날 때가 이른 줄 아신 예수님이 제자들을 끝까지 사랑하심을 보여준다. 저녁을 먹는 중에 예수님은 친히 제자들의 발을 씻어 주신다. 이러한 행동을 이해하지 못하는 베드로에게 예수님은 자신의 씻김이 없는 자는 자신과 상관없는 사람이라고 대답하신다. 예수님의 씻기심은 죄 많고 자격 없는 자들을 끝까지 사랑하시는 표현이셨다.

1 유월절 전에 예수께서 자기가 세상을 떠나 아버지께로 돌아가실
때가 이른 줄 아시고 세상에 있는 자기 사람들을 사랑하시되 끝까지
사랑하시니라 2 마귀가 벌써 시몬의 아들 가룟 유다의 마음에 예수를
팔려는 생각을 넣었더라 3 저녁 먹는 중 예수는 아버지께서 모든 것
을 자기 손에 맡기신 것과 또 자기가 하나님께로부터 오셨다가 하나
님께로 돌아가실 것을 아시고 4 저녁 잡수시던 자리에서 일어나 겉옷
을 벗고 수건을 가져다가 허리에 두르시고 5 이에 대야에 물을 떠서
제자들의 발을 씻으시고 그 두르신 수건으로 닦기를 시작하여 6 시몬
베드로에게 이르시니 베드로가 이르되 주여 주께서 내 발을 씻으시나이
까 7 예수께서 대답하여 이르시되 내가 하는 것을 네가 지금은 알지
못하나 이 후에는 알리라 8 베드로가 이르되 내 발을 절대로 씻지 못
하시리이다 예수께서 대답하시되 내가 너를 씻어 주지 아니하면 네가
나와 상관이 없느니라 9 시몬 베드로가 이르되 주여 내 발뿐 아니라
손과 머리도 씻어 주옵소서 10 예수께서 이르시되 이미 목욕한 자는
발밖에 씻을 필요가 없느니라 온 몸이 깨끗하니라 너희가 깨끗하나 다
는 아니니라 하시니 11 이는 자기를 팔 자가 누구인지 아심이라 그러
므로 다는 깨끗하지 아니하다 하시니라

오늘의 묵상 본서 13장-17장은 예수님이 제자들과 함께하시는 내용을 담고 있다. 예수님께 가장 많은 사랑을 받은 것으로 평가받는 요한(13:23)이 주님의 사랑 많으신 모습을 특별히 부각시키려는 의도로 다른 복음서에는 기록되지 않은 부분을 기록한다. 예수님은 제자들을 끝까지 사랑하셨다. 끝까지 사고를 치고 있는 제자들을 보시면서도 그들을 포기하지 않으셨다. 이제 곧 예수님이 잡히시고 십자가에 죽으실 것인데도 3년의 가르침이 무색할 징도로 제자들은 쓸데없는 자리다툼을 벌이고 있었다. 그러나 예수님은 그런 부족한 모습을 보이는 그들의 발을 씻으심으로 끝까지 사랑하셨다. 사랑은 감정만이 아니라 의지고 책임이다. 그런 의미에서 사랑은 상대가 보여주는 반응과 상관없이 상대방을 사랑할 수 있어야 한다. 또한 일시적으로가 아니라 끝까지 사랑하는 것이 주님이 보여주신 진정한 사랑의 특징이다. 부족한 사람도 끝까지 사랑하는 주님의 참 제자가 되도록 하자.

요한복음 13:12-20 서로를 섬기며 낮아지는 삶

년 월 일

본문 요약 | 제자들의 발을 다 씻으신 예수님이 발 씻김의 의미를 제자들에게 가르치신다. '선생'과 '주'이신 예수님이 본을 보이신 것처럼, 제자들도 서로 발을 씻어 주어야 한다고 교훈하신다. 또한 '보냄을 받은 자'로서 '보낸 자'의 뜻을 행하는 자는 복되다고 하신다. 예수님은 그의 제자들이 서로를 섬기며 낮아지기를 원하셨다.

12 그들의 발을 씻으신 후에 옷을 입으시고 다시 앉아 그들에게 이르시되
내가 너희에게 행한 것을 너희가 아느냐
13 너희가 나를 선생이라 또는 주라 하니 너희 말이 옳도다 내가 그러하다
14 내가 주와 또는 선생이 되어 너희 발을 씻었으니 너희도 서로 발을 씻
어 주는 것이 옳으니라
15 내가 너희에게 행한 것 같이 너희도 행하게 하려 하여 본을 보였노라
16 내가 진실로 진실로 너희에게 이르노니 종이 주인보다 크지 못하고 보
냄을 받은 자가 보낸 자보다 크지 못하나니
17 너희가 이것을 알고 행하면 복이 있으리라
18 내가 너희 모두를 가리켜 말하는 것이 아니니라 나는 내가 택한 자들
이 누구인지 앎이라 그러나 내 떡을 먹는 자가 내게 발꿈치를 들었다
한 성경을 응하게 하려는 것이니라
19 지금부터 일이 일어나기 전에 미리 너희에게 일러 둠은 일이 일어날
때에 내가 그인 줄 너희가 믿게 하려 함이로라
20 내가 진실로 진실로 너희에게 이르노니 내가 보낸 자를 영접하는 자는
나를 영접하는 것이요 나를 영접하는 자는 나를 보내신 이를 영접하는
것이니라

오늘의 묵상 제자들의 '선생'이요 '주'이신 예수님은 당시의 생각으로는 파격적으로 제자들의 발을 씻어 주셨다. 그런 일은 예수님이 하실 일이 아니었다. 천한 종들이나 하는 일이었다. 그럼에도 예수님은 의도적으로 그렇게 하심으로써 제자들이 어떤 삶을 살아야 하는지를 몸소 보여주셨다. 섬기는 삶은 쉽지 않다. 형제의 발을 씻으려면 그 냄새나는 발 아래로 자신을 굽혀야 하기 때문이다. 섬김은 이론이 아니다. 섬김은 뻣뻣하게 서서 쉽게 하는 일이 아니다. 내 자신을 쳐서 복종시켜야 가능하다. 내가 섬기지 못하는 것은 상대방의 문제가 아니라 내 문제다. 예수님이 굽히셨다면 우리가 뭐라고 굽히지 않을 수 있겠는가? 섬김의 삶은 권유가 아니라 명령인 것을 기억해야 한다(14절). 내가 기분이 좋으면 섬기고, 기분이 나쁘면 그만두고 할 문제가 아니다. 마지막으로, 상대가 먼저 섬겨 주기를 바라지 말고 주님처럼 내가 먼저 남을 섬길 수 있어야 한다.

요한복음 13:21-30 가룟 유다의 배반

년 월 일

본문 요약 | 예수님이 자신을 팔 자가 있음을 말씀하시자, 베드로는 그 사람이 누구인지 요한에게 질문하게 한다. 이에 예수님은 자신이 떡 조각을 적셔 주는 자가 바로 그 사람이라고 하시며 유다에게 떡 한 조각을 주신다. 한편, 가룟 유다는 예수님의 경고에 가까운 말씀을 들었음에도 회개하지 않고 자신의 길을 간다.

21 예수께서 이 말씀을 하시고 심령이 괴로워 증언하여 이르시되 내가 진
실로 진실로 너희에게 이르노니 너희 중 하나가 나를 팔리라 하시니
22 제자들이 서로 보며 누구에게 대하여 말씀하시는지 의심하더라
23 예수의 제자 중 하나 곧 그가 사랑하시는 자가 예수의 품에 의지하여
누웠는지라
24 시몬 베드로가 머릿짓을 하여 말하되 말씀하신 자가 누구인지 말하라
하니
25 그가 예수의 가슴에 그대로 의지하여 말하되 주여 누구니이까
26 예수께서 대답하시되 내가 떡 한 조각을 적셔다 주는 자가 그니라 하
시고 곧 한 조각을 적셔서 가룟 시몬의 아들 유다에게 주시니
27 조각을 받은 후 곧 사탄이 그 속에 들어간지라 이에 예수께서 유다에
게 이르시되 네가 하는 일을 속히 하라 하시니
28 이 말씀을 무슨 뜻으로 하셨는지 그 앉은 자 중에 아는 자가 없고
29 어떤 이들은 유다가 돈궤를 맡았으므로 명절에 우리가 쓸 물건을 사
라 하시는지 혹은 가난한 자들에게 무엇을 주라 하시는 줄로 생각하더라
30 유다가 그 조각을 받고 곧 나가니 밤이러라

오늘의 묵상 가룟 유다는 예수님이 주시는 떡을 받은 후 곧 사탄의 노리개가 된다(27절). 더욱 충격적인 사실은 예수님의 사랑을 받은 직후 이렇게 되었다는 것이다. 가룟 유다의 모습은 큰 은혜를 받은 사람도 얼마든지 금방 시험에 빠질 수 있음을 보여준다. 또한 유다는 시험에 빠지기 전에 예수님으로부터 '네가 하는 일을 속히 하라'는 경고의 말씀을 듣는다. 보통 이런 경우에 참된 성도라면 바로 무릎을 꿇고 자신의 죄를 회개했을 것이다. 그러나 유다는 그 마지막 기회마저 무시하고 만다. 사탄의 시험은 분명 교묘하고 무섭다. 그러나 그 속에는 피할 길을 주시는 주님의 경고도 분명히 있다. 그렇기 때문에 평소에 온전한 신앙생활을 하는 것이 가장 중요하다. 바른 신앙 속에 있는 사람은 시험이 온다 할지라도 주님이 주시는 경고의 말씀을 성령의 감동을 통하여 듣고 빠져나올 수 있기 때문이다. 신앙은 평소에 잘 관리되어야 위기 속에서 빛을 발한다.

요한복음 13:31-38 새 계명

년 월 일

본문 요약 | 유다가 나간 후, 예수님은 인자가 영광을 받은 것과 곧 제자들을 떠날 것을 말씀하신다. 그리고 자신이 그들을 사랑한 것같이 서로 사랑하라는 새 계명을 주신다. 이에 베드로는 자기의 목숨까지 내놓고 주님을 따르겠다고 장담하지만, 예수님은 그가 자신을 세 번 부인할 것이라고 말씀하신다.

31 그가 나간 후에 예수께서 이르시되 지금 인자가 영광을 받았고 하나
님도 인자로 말미암아 영광을 받으셨도다
32 만일 하나님이 그로 말미암아 영광을 받으셨으면 하나님도 자기로 말
미암아 그에게 영광을 주시리니 곧 주시리라
33 작은 자들아 내가 아직 잠시 너희와 함께 있겠노라 너희가 나를 찾을
것이나 일찍이 내가 유대인들에게 너희는 내가 가는 곳에 올 수 없다
고 말한 것과 같이 지금 너희에게도 이르노라
34 새 계명을 너희에게 주노니 서로 사랑하라 내가 너희를 사랑한 것 같
이 너희도 서로 사랑하라
35 너희가 서로 사랑하면 이로써 모든 사람이 너희가 내 제자인 줄 알리라
36 시몬 베드로가 이르되 주여 어디로 가시나이까 예수께서 대답하시되 내
가 가는 곳에 네가 지금은 따라올 수 없으나 후에는 따라오리라
37 베드로가 이르되 주여 내가 지금은 어찌하여 따라갈 수 없나이까 주를
위하여 내 목숨을 버리겠나이다
38 예수께서 대답하시되 네가 나를 위하여 네 목숨을 버리겠느냐 내가 진
실로 진실로 네게 이르노니 닭 울기 전에 네가 세 번 나를 부인하리라

오늘의 묵상

예수님이 제자들에게 새 계명을 주셨다. 그것이 새 계명인 이유는 '내가 너희를 사랑한 것 같이'가 포함되었기 때문이다. 예수님은 십자가에서 생명을 주시기까지 우리를 사랑하셨으며, 이제 그 사랑을 우리에게도 부탁하고 계신다. 우리도 서로 그렇게 사랑해야 한다. 이 시대는 사랑이 희박한 시대다. 서로가 이익을 중심으로 뭉치고 결혼마저도 상대방의 조건을 보고 하는 시대다. 이런 이기적이고 자기중심적인 사랑은 기독교인의 사랑이 아니다. 예수님이 우리에게 본을 보여주신 것처럼 우리도 희생적 사랑을 할 수 있어야 모든 사람이 우리가 예수님의 제자인 것을 알게 된다. 예수님은 우리에게 본을 보여주셨고 이제 우리에게 그것을 따라오라고 명하신다. 신앙은 예수님의 길을 따르는 것이다. 제자는 스승의 길을 따라야 한다. 이제 예수님의 명령을 기억하고 나에게 필요한 사랑이 아닌 내가 희생하는 사랑을 해야 한다.

요한복음 14:1-7 길과 진리와 생명이신 그리스도

년 월 일

본문 요약 | 예수님은 자신의 떠나감을 걱정하는 제자들에게 근심하지 말라고 하시며, 아버지 집에 거처를 예비하면 다시 와서 그들을 데려가겠다고 약속하신다. 이어서 예수님은 자신만이 그 장소로 가는 길이요 진리요 생명이라고 말씀하시고, 자신이 참 하나님이심을 강조하신다. 예수님만이 영원한 안식의 장소로 가는 길이시다.

1 너희는 마음에 근심하지 말라 하나님을 믿으니 또 나를 믿으라
2 내 아버지 집에 거할 곳이 많도다 그렇지 않으면 너희에게 일렀으리라
내가 너희를 위하여 거처를 예비하러 가노니
3 가서 너희를 위하여 거처를 예비하면 내가 다시 와서 너희를 내게로
영접하여 나 있는 곳에 너희도 있게 하리라
4 내가 어디로 가는지 그 길을 너희가 아느니라
5 도마가 이르되 주여 주께서 어디로 가시는지 우리가 알지 못하거늘 그
길을 어찌 알겠사옵나이까
6 예수께서 이르시되 내가 곧 길이요 진리요 생명이니 나로 말미암지 않
고는 아버지께로 올 자가 없느니라
7 너희가 나를 알았더라면 내 아버지도 알았으리로다 이제부터는 너희가
그를 알았고 또 보았느니라

오늘의 묵상 제자들은 예수님이 떠나가실 것을 말씀하시자 마음에 근심이 가득했다. 자신들이 의지하고 따라다닌 예수님이 떠나가신다는 말씀은 그들에게 청천벽력처럼 들렸을 것이다. 그러나 예수님은 그런 제자들에게 아버지와 예수님을 믿고 아버지 집(천국)에서 영원히 함께할 것을 믿으라고 하셨다. 기독교는 천국을 믿는다. 이 믿음은 각종 시련이 닥쳐올 때마다 성도들의 믿음을 끝까지 지키게 해 주었다. 우리가 천국에 관한 믿음이 분명할수록 이 땅에서의 근심과 어려움을 이겨 낼 수 있다. 한편, 예수님은 본문에서 특별히 '내 아버지 집에 거할 곳이 많다'고 하셨다. 이 말은 많은 사람이 구원받기 원하시는 하나님의 은혜로운 심정을 표현하고 있다. 그러므로 성도들은 한 사람이라도 더 천국에 들어오기를 원하시는 하나님 아버지의 심정을 가지고 복음을 전해야 한다.

요한복음 14:8-14 믿는 자에게 주어진 약속

년 월 일

본문 요약 ｜ 예수님의 제자들도 예수님과 하나님의 하나 됨을 제대로 이해하지 못했다. 빌립이 제자들을 대표하여 예수님께 아버지를 보여 달라고 요청한다. 이에 예수님은 다시 한 번 자신과 하나님의 일체 됨을 설명하신 후 계속해서 제자들의 믿음을 촉구하신다. 또한 예수님을 올바로 알고 믿는 자에게는 그의 어떤 기도도 응답해 주겠다고 약속하신다.

8 빌립이 이르되 주여 아버지를 우리에게 보여주옵소서 그리하면 족하겠
나이다
9 예수께서 이르시되 빌립아 내가 이렇게 오래 너희와 함께 있으되 네가
나를 알지 못하느냐 나를 본 자는 아버지를 보았거늘 어찌하여 아버지
를 보이라 하느냐
10 내가 아버지 안에 거하고 아버지는 내 안에 계신 것을 네가 믿지 아
니하느냐 내가 너희에게 이르는 말은 스스로 하는 것이 아니라 아버지
께서 내 안에 계셔서 그의 일을 하시는 것이라
11 내가 아버지 안에 거하고 아버지께서 내 안에 계심을 믿으라 그렇지
못하겠거든 행하는 그 일로 말미암아 나를 믿으라
12 내가 진실로 진실로 너희에게 이르노니 나를 믿는 자는 내가 하는 일을
그도 할 것이요 또한 그보다 큰 일도 하리니 이는 내가 아버지께로 감
이라
13 너희가 내 이름으로 무엇을 구하든지 내가 행하리니 이는 아버지로 하
여금 아들로 말미암아 영광을 받으시게 하려 함이라
14 내 이름으로 무엇이든지 내게 구하면 내가 행하리라

오늘의 묵상 예수님은 제자들에게 자신이 하나님과 일체임을 믿을 것을 다시 한 번 강조하셨다(9-11절). 심지어 그것을 믿을 수 없다면 자신이 행한 일이라도 믿으라고 하시면서 안타까운 심정을 토로하셨다. 그리고 이어 예수님을 온전히 믿을 때 누릴 복에 대해 말씀하셨다(12-14절). 예수님에 대한 불완전한 믿음은 영적으로 성도가 받아 누릴 복을 제한한다는 사실을 명심하자. 신앙생활에서 가장 문제가 되는 것은 열심의 부족이나 교회 봉사의 소홀 등이 아니다. 물론 열심과 헌신도 진실로 필요하지만 본질적인 문제는 아니다. 가장 중요한 것은 예수 그리스도에 대한 진정한 이해와 믿음이다. 그러므로 성도는 예수님을 깊이 묵상하는 일에 가장 많은 시간을 보내야 한다. 예수님에 대해 이해하고 그분의 마음을 배우며 그분이 기뻐하시는 일이 무엇인가를 깨닫는 것을 그 어떤 일보다 우선시해야 한다. 그것이 성도가 영적으로 풍성한 삶을 사는 비결이기 때문이다.

요한복음 14:15-21 진리의 영이신 성령님

년 월 일

본문 요약 | 예수님은 근심하는 제자들에게 성령님이 오실 것을 말씀하신다. 그 성령님은 보호자시며 진리의 영이시다. 성령님 안에서 제자들은 예수 그리스도를 보게 될 것이다. 또한 예수님은 자신을 사랑하고 계명을 지키는 자에게 자신을 나타내실 것을 약속하신다. 성령님은 말씀과 함께 역사하시는 진리의 영이시다.

15 너희가 나를 사랑하면 나의 계명을 지키리라
16 내가 아버지께 구하겠으니 그가 또 다른 보혜사를 너희에게 주사 영원
토록 너희와 함께 있게 하리니
17 그는 진리의 영이라 세상은 능히 그를 받지 못하나니 이는 그를 보지
도 못하고 알지도 못함이라 그러나 너희는 그를 아나니 그는 너희와
함께 거하심이요 또 너희 속에 계시겠음이라
18 내가 너희를 고아와 같이 버려두지 아니하고 너희에게로 오리라
19 조금 있으면 세상은 다시 나를 보지 못할 것이로되 너희는 나를 보리니
이는 내가 살아 있고 너희도 살아 있겠음이라
20 그 날에는 내가 아버지 안에, 너희가 내 안에, 내가 너희 안에 있는 것
을 너희가 알리라
21 나의 계명을 지키는 자라야 나를 사랑하는 자니 나를 사랑하는 자는
내 아버지께 사랑을 받을 것이요 나도 그를 사랑하여 그에게 나를 나
타내리라

오늘의 묵상 예수님은 성령님을 '진리의 영'으로 말씀하셨다. 성령님은 진리와 함께 일하시며, 진리이신 예수님의 가르침을 생각나게 해 주시는 분이다(26절). 그런데 최근에 나타나는 '성령 운동'은 진리 운동이라기보다는 은사주의 운동에 가깝다. 이 운동은 성령님을 통해 나타나는 신비로운 능력이나 병이 낫는 일 등에 편중되어 있다. 물론 그런 일들도 성령님이 주시는 은사들을 통해 얼마든지 나타날 수 있다. 하지만 성령님의 사역을 신비한 능력이나 현상에 집중하고 제한한다면, 그것은 성경이 가르치는 가장 폭넓은 부분을 놓치는 것이다. 성령님은 진리, 곧 주님의 말씀인 성경과 함께 가장 많이 역사하신다. 성경을 읽고 그 말씀대로 행할 때 성도는 성령님의 역사를 가장 많이 체험할 수 있다. 성경 말씀에 대한 연구는 등한히 한 채 신비한 현상만 추구하는 신비주의적인 신앙에 빠지지 않게 조심하자. 많은 이단들이 이런 일들에 관련되어 있다는 점도 유의할 필요가 있다.

요한복음 14:22-31 예수님이 주시는 평안

년 월 일

본문 요약 | 예수님이 자신을 사랑하고 자신의 말을 지키는 성도들에게 다시 오셔서 함께하실 것을 말씀하신다. 이 일은 성령님의 오심으로 일어날 것이며, 그 결과 성도는 이 세상의 것과는 다른 예수님이 주시는 평안을 얻게 될 것이다. 세상이 주는 평안은 조건이나 환경에 영향을 받지만, 예수님이 주시는 평안은 성도의 마음을 지켜 주는 평안이다.

22 가룟인 아닌 유다가 이르되 주여 어찌하여 자기를 우리에게는 나
타내시고 세상에는 아니하려 하시나이까 23 예수께서 대답하여 이르
시되 사람이 나를 사랑하면 내 말을 지키리니 내 아버지께서 그를 사
랑하실 것이요 우리가 그에게 가서 거처를 그와 함께하리라 24 나를
사랑하지 아니하는 자는 내 말을 지키지 아니하나니 너희가 듣는 말
은 내 말이 아니요 나를 보내신 아버지의 말씀이니라 25 내가 아직 너
희와 함께 있어서 이 말을 너희에게 하였거니와 26 보혜사 곧 아버지
께서 내 이름으로 보내실 성령 그가 너희에게 모든 것을 가르치고 내가
너희에게 말한 모든 것을 생각나게 하리라 27 평안을 너희에게 끼치
노니 곧 나의 평안을 너희에게 주노라 내가 너희에게 주는 것은 세상
이 주는 것과 같지 아니하니라 너희는 마음에 근심하지도 말고 두려워
하지도 말라 28 내가 갔다가 너희에게로 온다 하는 말을 너희가 들었
나니 나를 사랑하였더라면 내가 아버지께로 감을 기뻐하였으리라 아
버지는 나보다 크심이라 29 이제 일이 일어나기 전에 너희에게 말한
것은 일이 일어날 때에 너희로 믿게 하려 함이라 30 이 후에는 내가
너희와 말을 많이 하지 아니하리니 이 세상의 임금이 오겠음이라 그러
나 그는 내게 관계할 것이 없으니 31 오직 내가 아버지를 사랑하는
것과 아버지께서 명하신 대로 행하는 것을 세상이 알게 하려 함이로
라 일어나라 여기를 떠나자 하시니라

오늘의 묵상 예수님은 제자들에게 평안을 주시겠다고 하셨다. 이 말씀으로 미루어 보건대 진정한 평안은 인간 스스로가 만들어 낼 수 없음을 알 수 있다. 예수님이 주셔야만 가능하다. 예수님이 주시는 평안은 세상이 주는 것과 같지 않다고도 하셨다. 세상은 자신들이 소유한 것에서 평안을 얻는다. 그러나 예수님이 주시는 평안은 성령님을 통하여 주시는 평안이다(26절). 성령님은 모든 상황에서 모든 것을 가르치시며 예수님의 말씀을 생각나게 하신다. 이런 인도하심을 통해 성도는 때를 따라 돕는 은혜와 평안을 얻게 되는 것이다. 성도들 가운데 육적으로는 말할 수 없는 고통과 어려움 속에 있으면서도 영적으로 평안을 잃지 않는 사람들이 있다. 어떤 사람은 오히려 그 상황에서 주변 사람을 위로하기도 한다. 무엇이 그것을 가능하게 하는가? 성령님께서 그 상황에서도 주님의 은혜를 깨닫게 해 주시고 인도해 주시기 때문이다. 오직 성도만이 주님 안에서 이런 평안을 누린다.

요한복음 15:1-8 포도나무와 가지

년 월 일

본문 요약 | 예수님이 포도나무와 농부 그리고 가지의 비유를 들어 자신과 성도의 관계를 설명하신다. 성도는 참포도나무 되신 예수 그리스도 안에 거할 때 열매를 맺을 수 있다. 그렇지 않으면 심판을 받게 된다. 또한 예수님 안에서 기도 응답도 받게 된다. 그러나 인위적으로 열매를 추구하기보다는 예수님과의 관계가 올바르게 되면 열매는 저절로 맺히는 법이다.

1 나는 참포도나무요 내 아버지는 농부라
2 무릇 내게 붙어 있어 열매를 맺지 아니하는 가지는 아버지께서 그것을
제거해 버리시고 무릇 열매를 맺는 가지는 더 열매를 맺게 하려 하여
그것을 깨끗하게 하시느니라
3 너희는 내가 일러 준 말로 이미 깨끗하여졌으니
4 내 안에 거하라 나도 너희 안에 거하리라 가지가 포도나무에 붙어 있
지 아니하면 스스로 열매를 맺을 수 없음 같이 너희도 내 안에 있지
아니하면 그러하리라
5 나는 포도나무요 너희는 가지라 그가 내 안에, 내가 그 안에 거하면 사
람이 열매를 많이 맺나니 나를 떠나서는 너희가 아무것도 할 수 없음
이라
6 사람이 내 안에 거하지 아니하면 가지처럼 밖에 버려져 마르나니 사
람들이 그것을 모아다가 불에 던져 사르느니라
7 너희가 내 안에 거하고 내 말이 너희 안에 거하면 무엇이든지 원하는
대로 구하라 그리하면 이루리라
8 너희가 열매를 많이 맺으면 내 아버지께서 영광을 받으실 것이요 너희
는 내 제자가 되리라

오늘의 묵상 포도나무에서의 핵심은 열매에 있다. 예수님은 본문에서 많은 열매를 맺는 것의 중요성을 언급하셨다(8절). 그러나 본문 어디에도 우리더러 '많은 열매를 맺어라'는 직접적인 명령이 없다. 대신 예수님과의 올바른 관계를 말씀하는 '내 안에 거하라'는 명령이 주어졌다. 주 안에 거하면 열매는 저절로 맺힌다(4절). 중요한 것은 주 안에 거하는 것이다. 주님을 떠나지 않는 것이다. 이것이 인생이 올바른 열매를 맺는 방법이다. 세상에는 주님과 상관없이도 성공의 열매를 거두는 사람들이 있다. 그러나 그들이 거두는 성공은 진정한 성공이 아니다. 그러므로 성공이나 열매 자체에 집착하지 말자. 주 안에 거하고 그의 말씀을 순종하며 따르는 것을 통해 인생은 진정한 열매를 맺는다. 주님의 말씀을 따르면 일시적으로 세상에서 손해 보는 것처럼 보일 수 있다. 그러나 결국에는 그 좁아 보이는 길이 진정한 성공과 열매를 맺는 길임을 잊지 말자.

요한복음 15:9-17 사랑 안에 거하라

년 월 일

본문 요약 | 제자들에게 자신 안에 거하라고 말씀하신 예수님은 더 구체적으로 자신의 사랑 안에 거하라고 말씀하신다. 예수님의 계명을 지키는 것이 그 사랑 안에 거하는 것이며, 그럴 때 성도는 기쁨이 충만하게 된다. 예수님은 우리를 친구로 대하셨고, 그리스도의 사랑으로 서로 사랑하라 명하셨다. 우리는 사랑하기 위해 부름 받은 존재다.

9 아버지께서 나를 사랑하신 것 같이 나도 너희를 사랑하였으니 나의 사
랑 안에 거하라
10 내가 아버지의 계명을 지켜 그의 사랑 안에 거하는 것 같이 너희도
내 계명을 지키면 내 사랑 안에 거하리라
11 내가 이것을 너희에게 이름은 내 기쁨이 너희 안에 있어 너희 기쁨을
충만하게 하려 함이라
12 내 계명은 곧 내가 너희를 사랑한 것 같이 너희도 서로 사랑하라 하
는 이것이니라
13 사람이 친구를 위하여 자기 목숨을 버리면 이보다 더 큰 사랑이 없나니
14 너희는 내가 명하는 대로 행하면 곧 나의 친구라
15 이제부터는 너희를 종이라 하지 아니하리니 종은 주인이 하는 것을 알
지 못함이라 너희를 친구라 하였노니 내가 내 아버지께 들은 것을 다
너희에게 알게 하였음이라
16 너희가 나를 택한 것이 아니요 내가 너희를 택하여 세웠나니 이는 너
희로 가서 열매를 맺게 하고 또 너희 열매가 항상 있게 하여 내 이름
으로 아버지께 무엇을 구하든지 다 받게 하려 함이라
17 내가 이것을 너희에게 명함은 너희로 서로 사랑하게 하려 함이라

오늘의 묵상 요한복음 15장 앞 절들에서 '내 안에 거하라(4절)'고 말씀하신 예수님은 이제 더 구체적으로 '나의 사랑 안에 거하라(9절)'고 권면하신다. 예수님 안에 거하는 것은 예수님의 사랑 안에 거하는 것이다. 예수님은 우리가 서로 사랑하기를 바라신다(17절). 우리가 말씀을 따라 타인을 사랑할 때 그것이 바로 주님 안에 거하는 것임을 명심하자. 주 안에 거한다고 말은 하면서 남을 사랑하지 않는 사람은 실제로는 주 안에 거하는 것이 아니다. 한편, 예수님은 당신의 사랑 안에 거하라고 초청하셨다. '거하다'라는 의미는 단기간의 행함이 아니라 지속적으로 거주하고 사는 것을 의미한다(abide in). 일시적인 실천이나 헌신은 진정으로 주님의 사랑 안에 거하는 것이 아니다. 지속적으로 주님의 계명을 지키고 나가야 한다. 뭐든지 조금 해 보고 바로 판단하는 사람들이 있다. 몇 년 해 보고 신앙생활을 그만두는 사람들도 있다. 그러면 안 된다. 아예 머물고 살아야 한다.

요한복음 15:18-27 세상으로부터 받게 될 미움

년 월 일

본문 요약 | 예수님은 제자들에게 세상으로부터 받게 될 미움에 대해서도 말씀하신다. 그것은 제자들이 세상에 속하지 않고 예수님께 속했기 때문이다. 예수님은 세상에 자신이 하나님의 아들 되신 많은 증거를 보이셨지만, 그럼에도 세상은 예수님을 미워했다. 그러므로 그들의 죄는 더욱 무거울 것이다. 어두운 세상은 필연적으로 빛을 미워한다.

18 세상이 너희를 미워하면 너희보다 먼저 나를 미워한 줄을 알라
19 너희가 세상에 속하였으면 세상이 자기의 것을 사랑할 것이나 너
희는 세상에 속한 자가 아니요 도리어 내가 너희를 세상에서 택하였
기 때문에 세상이 너희를 미워하느니라 20 내가 너희에게 종이 주인보
다 더 크지 못하다 한 말을 기억하라 사람들이 나를 박해하였은즉 너
희도 박해할 것이요 내 말을 지켰은즉 너희 말도 지킬 것이라 21 그
러나 사람들이 내 이름으로 말미암아 이 모든 일을 너희에게 하리니 이
는 나를 보내신 이를 알지 못함이라 22 내가 와서 그들에게 말하지
아니하였더라면 죄가 없었으려니와 지금은 그 죄를 핑계할 수 없느니
라 23 나를 미워하는 자는 또 내 아버지를 미워하느니라 24 내가 아
무도 못한 일을 그들 중에서 하지 아니하였더라면 그들에게 죄가 없
었으려니와 지금은 그들이 나와 내 아버지를 보았고 또 미워하였도다
25 그러나 이는 그들의 율법에 기록된 바 그들이 이유 없이 나를 미워
하였다 한 말을 응하게 하려 함이라 26 내가 아버지께로부터 너희에
게 보낼 보혜사 곧 아버지께로부터 나오시는 진리의 성령이 오실 때에
그가 나를 증언하실 것이요 27 너희도 처음부터 나와 함께 있었으므로
증언하느니라

오늘의 묵상 앞에서 성도 간의 사랑을 말씀하신 예수님(9-17절)은 곧바로 제자들이 세상으로부터 받게 될 미움에 대해서도 언급하셨다. 믿는 자들이 서로 사랑해야 하는 이유는 그들이 세상에서 미움을 받기 때문이다. 그러므로 사랑 없는 세상 속에서 믿는 자들은 서로에게 위로와 힘이 되어야 한다. 그래야 세상의 미움을 이길 수 있다. 성도들이 모인 교회는 세상에서 지친 영혼들의 안식처와 성도 간에 아름다운 교제가 일어나는 곳이어야 한다. 만약 교회 안에 시기와 미움이 가득하고 성도 간에 서로 상처를 주고받으며 다른 사람을 정죄한다면 그것만큼 불행한 일은 없다. 우리끼리 먼저 사랑하지 않으면 세상을 이길 수 없기 때문이다. 가끔 교회에도 사랑이 없다는 말이 들려온다. 교회 안에 분쟁과 미움이 있다는 소문이 들려온다. 그렇기에 오늘날 기독교의 영향력이 줄어들고 세상에 지고 있는 것은 아닌지 생각해 보아야 한다.

요한복음 16:1-6 제자들이 당할 핍박

년 월 일

본문 요약 | 예수님은 제자들의 믿음을 굳게 하시고 그들이 실족하지 않게 하시기 위해 장차 그들에게 임할 핍박에 대해 언급하신다. 잘못된 열심을 가진 사람들이 제자들을 쫓아내고 죽일 것이다. 제자들은 예수님이 가시는 길보다 자신들에게 닥쳐올 문제를 걱정한다. 예수님은 듣기 좋은 거짓 약속이 아니라 제자가 되는 어려움에 대해 말씀하셨다.

1 내가 이것을 너희에게 이름은 너희로 실족하지 않게 하려 함이니
2 사람들이 너희를 출교할 뿐 아니라 때가 이르면 무릇 너희를 죽이는
자가 생각하기를 이것이 하나님을 섬기는 일이라 하리라
3 그들이 이런 일을 할 것은 아버지와 나를 알지 못함이라
4 오직 너희에게 이 말을 한 것은 너희로 그 때를 당하면 내가 너희에
게 말한 이것을 기억나게 하려 함이요 처음부터 이 말을 하지 아니한
것은 내가 너희와 함께 있었음이라
5 지금 내가 나를 보내신 이에게로 가는데 너희 중에서 나더러 어디로 가
는지 묻는 자가 없고
6 도리어 내가 이 말을 하므로 너희 마음에 근심이 가득하였도다

오늘의 묵상 예수님이 이 땅을 떠나가신 이후 제자들이 당할 고난을 예수님은 미리 경고하셨다. 제자들의 믿음을 굳게 하기 위함이었다(1,4절). 이런 경고가 없었다면 제자들은 어려움이 닥쳐왔을 때 쉽게 낙담했을 것이다. 그러나 예수님이 미리 경고하심으로 실제로 그 일이 닥쳤을 때 제자들은 견뎌 내고 승리할 수 있었다. 이처럼 예수님은 우리 신앙을 미리 준비시켜 주시는 분이시다. 내 힘으로 이 세상을 이긴 것이 아니고 주님의 도우심을 통해 승리한 것이다. 한편, 제자들을 핍박하는 무리들은 자신들의 행위가 하나님을 위한 일이라고 여길 것이라 말씀하셨다(2절). 당시 유대인들처럼 영적 무지에 빠지면 하나님의 이름으로 죄를 짓는 지경에 이르게 된다. 무서운 일이다. 주님을 위한 길이라고 명분을 세워 놓고 실상은 나를 위하는 것은 없는지 잘 살펴야 할 것이다.

요한복음 16:7-15 성령님이 하시는 일

년 월 일

본문 요약 | 예수님이 아버지께로 가시면 성령님이 오신다. 성령님은 죄와 의와 심판에 대하여 세상의 잘못을 책망하실 것이다. 성령님의 모든 사역은 예수 그리스도의 사역과 연계해 이루어지며, 또한 성령님은 이를 통해 예수 그리스도를 영광스럽게 하신다. 삼위일체 하나님은 서로를 위하시며 영광스럽게 하신다.

7 그러나 내가 너희에게 실상을 말하노니 내가 떠나가는 것이 너희에게
유익이라 내가 떠나가지 아니하면 보혜사가 너희에게로 오시지 아니
할 것이요 가면 내가 그를 너희에게로 보내리니
8 그가 와서 죄에 대하여, 의에 대하여, 심판에 대하여 세상을 책망하시
리라
9 죄에 대하여라 함은 그들이 나를 믿지 아니함이요
10 의에 대하여라 함은 내가 아버지께로 가니 너희가 다시 나를 보지 못
함이요
11 심판에 대하여라 함은 이 세상 임금이 심판을 받았음이라
12 내가 아직도 너희에게 이를 것이 많으나 지금은 너희가 감당하지 못
하리라
13 그러나 진리의 성령이 오시면 그가 너희를 모든 진리 가운데로 인도하
시리니 그가 스스로 말하지 않고 오직 들은 것을 말하며 장래 일을 너
희에게 알리시리라
14 그가 내 영광을 나타내리니 내 것을 가지고 너희에게 알리시겠음이라
15 무릇 아버지께 있는 것은 다 내 것이라 그러므로 내가 말하기를 그가
내 것을 가지고 너희에게 알리시리라 하였노라

오늘의 묵상 오늘 본문에서 예수님은 삼위일체 사역의 동질성을 말씀하셨다(14–15절). 도널드 맥클레오드는 그의 책 「Shared Life」에서 이런 삼위일체 교리를 성도의 삶과 연결시킨다. 삼위일체 교리는 전적으로 우리의 이성과 경험을 뛰어넘는 하나님의 영역이다. 그러나 인간이 하나님의 형상으로 지음 받았기에(창 1:26–28) 삼위일체 교리를 어느 정도 성도의 삶과 연결시키는 것은 가능하다. 첫째, 하나님의 형상을 통해 본 모든 인간은 평등하다. 남자와 여자가 평등하고(창 1:27), 신분이나 인종 간에 차별이 없다(갈 3:28). 둘째, 인간 각자는 독특하다. 성격, 은사 등 하나님은 인류를 다양하게 창조하셨다. 우리는 서로의 독특성을 존중해야 한다. 셋째, 인간은 합력하여 선을 이루는 존재가 되어야 한다(롬 8:28 참조). 가정, 교회, 사회, 국가 등 인류가 속해 있는 모든 기관은 협력적 관계를 이루어야 한다. 그럼으로써 하나님의 형상을 추구하는 삶을 살아야 한다.

요한복음 16:16-24 구원의 기쁨

년 월 일

본문 요약 | 예수님이 조금 있으면 제자들과 헤어질 것이고, 또 잠시 후에 다시 볼 것이라 말씀하시자, 제자들은 의아해 한다. 이에 예수님은 해산은 고통스럽지만 탄생의 기쁨이 있듯이, 지금은 근심하지만 예수님을 다시 보게 되면 기쁨이 넘칠 것이라고 하신다. 곧 맞으실 죽음과 부활을 통해 제자들에게 주어질 구원의 기쁨을 말씀하신 것이다.

16 조금 있으면 너희가 나를 보지 못하겠고 또 조금 있으면 나를 보리
라 하시니 17 제자 중에서 서로 말하되 우리에게 말씀하신 바 조금
있으면 나를 보지 못하겠고 또 조금 있으면 나를 보리라 하시며 또 내
가 아버지께로 감이라 하신 것이 무슨 말씀이냐 하고 18 또 말하되
조금 있으면이라 하신 말씀이 무슨 말씀이냐 무엇을 말씀하시는지 알
지 못하노라 하거늘 19 예수께서 그 묻고자 함을 아시고 이르시되 내
말이 조금 있으면 나를 보지 못하겠고 또 조금 있으면 나를 보리라 하
므로 서로 문의하느냐 20 내가 진실로 진실로 너희에게 이르노니 너희
는 곡하고 애통하겠으나 세상은 기뻐하리라 너희는 근심하겠으나 너
희 근심이 도리어 기쁨이 되리라 21 여자가 해산하게 되면 그 때가
이르렀으므로 근심하나 아기를 낳으면 세상에 사람 난 기쁨으로 말미
암아 그 고통을 다시 기억하지 아니하느니라 22 지금은 너희가 근심하
나 내가 다시 너희를 보리니 너희 마음이 기쁠 것이요 너희 기쁨을 빼
앗을 자가 없으리라 23 그 날에는 너희가 아무 것도 내게 묻지 아니
하리라 내가 진실로 진실로 너희에게 이르노니 너희가 무엇이든지 아버
지께 구하는 것을 내 이름으로 주시리라 24 지금까지는 너희가 내 이
름으로 아무 것도 구하지 아니하였으나 구하라 그리하면 받으리니 너
희 기쁨이 충만하리라

오늘의 묵상

예수님은 제자들에게 잠시 후면 그들이 자신을 볼 수 없으나, 조금 지나면 다시 보게 될 것이라고 말씀하셨다. 즉, 예수님의 죽음과 부활을 말씀하신 것이다. 그때에는 제자들의 근심이 변하여 기쁨이 될 것이라고 하셨다. 그리고 그 기쁨은 세상 누구도 빼앗을 수 없는 기쁨이다(22절). 진정한 기쁨은 단순히 즐거운 상태가 계속되는 것만을 의미하지 않는다. 인간이 진정한 기쁨을 누리는 때는 불확실함이 제거되고 안전함이 느껴지는 순간이다. 진리가 무엇인지 알게 되는 순간이다. 진정한 진리이신 예수 그리스도를 만나고 영접하는 순간, 인생은 진정한 기쁨을 누린다. 그리고 이 기쁨은 세상의 조건이 빼앗아 갈 수 없다. 배가 고파도 몸이 아파도 돈이 없어도 그것이 문제가 되지 않는 참기쁨이다. 예수님의 제자들은 후에 실제로 이런 기쁨을 누렸다(행 5:41). 혹시 신앙생활을 하여도 즐겁지 않다면 내가 온전히 예수 그리스도를 영접하고 있는지 점검해 보아야 한다.

요한복음 16:25-33

세상을 이기신 예수님

년 월 일

본문 요약 | 예수님이 제자들에게 아버지에 대한 것을 밝히 이를 날이 올 것이며, 그때에는 직접 하나님께 간구할 것이라고 말씀하신다. 이에 제자들은 예수님이 하나님께로부터 오신 분임을 믿는다고 고백한다. 또한 예수님은 제자들이 흩어지게 될 것을 예언하신다. 아무도 예수님을 제대로 알지 못했지만, 아버지와 함께하신 예수님은 세상을 이기셨다.

25 이것을 비유로 너희에게 일렀거니와 때가 이르면 다시는 비유로 너
희에게 이르지 않고 아버지에 대한 것을 밝히 이르리라 26 그 날에
너희가 내 이름으로 구할 것이요 내가 너희를 위하여 아버지께 구하
겠다 하는 말이 아니니 27 이는 너희가 나를 사랑하고 또 내가 하나
님께로부터 온 줄 믿었으므로 아버지께서 친히 너희를 사랑하심이라
28 내가 아버지에게서 나와 세상에 왔고 다시 세상을 떠나 아버지께로
가노라 하시니 29 제자들이 말하되 지금은 밝히 말씀하시고 아무 비
유로도 하지 아니하시니 30 우리가 지금에야 주께서 모든 것을 아시
고 또 사람의 물음을 기다리시지 않는 줄 아나이다 이로써 하나님께로
부터 나오심을 우리가 믿사옵나이다 31 예수께서 대답하시되 이제는
너희가 믿느냐 32 보라 너희가 다 각각 제 곳으로 흩어지고 나를 혼자
둘 때가 오나니 벌써 왔도다 그러나 내가 혼자 있는 것이 아니라 아
버지께서 나와 함께 계시느니라 33 이것을 너희에게 이르는 것은 너희
로 내 안에서 평안을 누리게 하려 함이라 세상에서는 너희가 환난을
당하나 담대하라 내가 세상을 이기었노라

오늘의 묵상 예수님은 제자들에게 앞으로 그들이 세상에서 환난을 당하고 흩어질 것이지만, 예수님 안에서 평안을 누리고 담대하라고 권면하셨다(32-33절). 그러시면서 예수님이 세상을 이기셨다고 선언하셨다. 예수님이 세상을 이기신 것은 우리가 세상을 이기는 것과 깊은 관련이 있다. 예수님은 우리 앞서 세상을 이기심으로써 우리가 믿음으로 세상을 이길 수 있음을 친히 보여주셨기 때문이다. 더 나아가 예수님은 우리가 승리할 수 있도록 도우시는 분이라는 의미도 들어 있다. 그러므로 성도는 어떠한 경우에도 세상에서 담대함과 침착함을 잃지 않아야 한다. 고난 앞에서도 의연해야 한다. 예수님은 우리가 세상에 살면서 고난과 어려움 앞에 담대함을 잃는 것을 원치 않으신다. 이미 승리하신 예수님을 바라볼 때 우리는 믿음으로 그 상황을 극복할 수 있다. 또한 예수님께서 친히 우리가 승리할 수 있도록 도와주실 것이다.

요한복음 17:1-8　　　　기도하시는 예수님

년　월　일

본문 요약 | 17장은 예수님이 마지막 설교를 마치신 뒤에 드리신 기도다. 예수님은 자신이 영화롭게 되는 일을 통해 아버지가 영화롭게 되기를 기도하셨다. 또한 아버지께서 주신 일을 완전히 행하셨고, 택하여 주신 사람들에게 아버지를 드러내셨다. 예수님은 십자가를 통해 인류를 구원하시고, 아버지를 영화롭게 하기 위해 기도드리셨다.

1 예수께서 이 말씀을 하시고 눈을 들어 하늘을 우러러 이르시되 아버지
여 때가 이르렀사오니 아들을 영화롭게 하사 아들로 아버지를 영화롭게
하게 하옵소서
2 아버지께서 아들에게 주신 모든 사람에게 영생을 주게 하시려고 만민
을 다스리는 권세를 아들에게 주셨음이로소이다
3 영생은 곧 유일하신 참 하나님과 그가 보내신 자 예수 그리스도를 아
는 것이니이다
4 아버지께서 내게 하라고 주신 일을 내가 이루어 아버지를 이 세상에
서 영화롭게 하였사오니
5 아버지여 창세 전에 내가 아버지와 함께 가졌던 영화로써 지금도 아
버지와 함께 나를 영화롭게 하옵소서
6 세상 중에서 내게 주신 사람들에게 내가 아버지의 이름을 나타내었나
이다 그들은 아버지의 것이었는데 내게 주셨으며 그들은 아버지의 말씀
을 지키었나이다
7 지금 그들은 아버지께서 내게 주신 것이 다 아버지로부터 온 것인 줄
알았나이다
8 나는 아버지께서 내게 주신 말씀들을 그들에게 주었사오며 그들은 이
것을 받고 내가 아버지께로부터 나온 줄을 참으로 아오며 아버지께서
나를 보내신 줄도 믿었사옵나이다

오늘의 묵상 예수님은 십자가의 구속을 통하여 아버지의 뜻을 이루심으로 아버지를 영화롭게 할 때가 다가왔음을 아셨다(1절). 예수님은 자신이 십자가를 통하여 영화롭게 될 때 그것이 아버지의 뜻을 이루며 아버지를 영화롭게 하는 일임을 말씀하셨다. 우리는 흔히 아버지의 영광을 위하여 우리가 잘될 것만을 생각한다. 내가 잘되어야 아버지께도 영광이 된다는 논리다. 이 논리는 틀리지 않았다. 그러나 이것은 교묘히 내 욕심을 이루려는 의도가 들어 있을 수 있다. 내가 잘되는 것만이 아버지를 영화롭게 하는 것은 아니다. 예수님처럼 아버지를 위해 나의 십자가를 지고 날마다 주를 따르는 것이 곧 아버지를 영화롭게 하는 길임도 기억하자. 내가 잘될 때나 안될 때나 아버지를 영화롭게 할 때, 아버지는 우리를 영화롭게 해 주신다(4–5절).

요한복음 17:9-19 　 제자들을 위한 기도 　 년 　 월 　 일

본문 요약 | 자신을 위한 기도를 마치신 예수님은 본격적으로 세상에 남겨질 제자들을 위해 기도하신다. 예수님은 제자들이 하나가 되고, 악에 빠지지 않으며, 진리로 거룩하게 해 달라는 기도를 드리신다. 예수님의 관심은 제자들에게 있었다. 예수님의 제자들을 통해 복음이 세상에 전파되어야 하기 때문이다.

9 내가 그들을 위하여 비옵나니 내가 비옵는 것은 세상을 위함이 아니요
내게 주신 자들을 위함이니이다 그들은 아버지의 것이로소이다 10 내 것
은 다 아버지의 것이요 아버지의 것은 내 것이온데 내가 그들로 말미암
아 영광을 받았나이다 11 나는 세상에 더 있지 아니하오나 그들은 세상
에 있사옵고 나는 아버지께로 가옵나니 거룩하신 아버지여 내게 주신 아
버지의 이름으로 그들을 보전하사 우리와 같이 그들도 하나가 되게 하옵소
서 12 내가 그들과 함께 있을 때에 내게 주신 아버지의 이름으로 그들을
보전하고 지키었나이다 그 중의 하나도 멸망하지 않고 다만 멸망의 자식
뿐이오니 이는 성경을 응하게 함이니이다 13 지금 내가 아버지께로 가오
니 내가 세상에서 이 말을 하옵는 것은 그들로 내 기쁨을 그들 안에 충만
히 가지게 하려 함이니이다 14 내가 아버지의 말씀을 그들에게 주었사오
매 세상이 그들을 미워하였사오니 이는 내가 세상에 속하지 아니함 같이
그들도 세상에 속하지 아니함으로 인함이니이다 15 내가 비옵는 것은 그
들을 세상에서 데려가시기를 위함이 아니요 다만 악에 빠지지 않게 보전
하시기를 위함이니이다 16 내가 세상에 속하지 아니함 같이 그들도 세상
에 속하지 아니하였사옵나이다 17 그들을 진리로 거룩하게 하옵소서 아
버지의 말씀은 진리니이다 18 아버지께서 나를 세상에 보내신 것 같이
나도 그들을 세상에 보내었고 19 또 그들을 위하여 내가 나를 거룩하게
하오니 이는 그들도 진리로 거룩함을 얻게 하려 함이니이다

오늘의 묵상 예수님은 자신을 위한 기도에 이어 세상에 남겨질 제자들을 위하여 기도하셨다. 기도의 요지는 제자들을 거룩하게 보전해 달라는 것이었다(11,15절). 예수님이 세상에 계실 때도 제자들의 믿음을 보전하셨다고 하셨다(12절). 우리의 믿음이 보전되는 것은 예수님의 기도와 사역 때문임을 기억해야 하는 대목이다. 내 능력으로 믿음을 지키는 것이 아니다. 예수님이 도와주셨기에 내가 믿음을 지킬 수 있는 마음을 갖게 된 것이다. 늘 예수님께 영광을 돌려야 한다. 한편, 예수님은 세상에 남겨질 제자들을 악에 빠지지 않고 진리로 거룩하게 해 달라고 기도하신다(17절). 거룩함에 이르는 방법은 진리를 통해서다. 바울도 하나님의 말씀과 기도로 거룩하여진다고 썼다(딤전 4:5). 세상에 빠지지 않고 믿음을 지키고 거룩한 백성이 되기 위해 날마다 말씀을 가까이 하는 노력이 선행되어야 하는 이유다.

요한복음 17:20-26 하나 됨을 위한 예수님의 기도

년 월 일

본문 요약 | 본문은 예수님이 하신 기도의 마지막 부분이다. 예수님은 제자들을 위해 기도하신 후, 제자들을 통해 믿게 될 사람들을 위해서도 기도하신다. 믿는 사람들이 하나 되고, 또한 그들이 예수님의 영광을 보게 해 달라고 구하신다. 예수 그리스도를 믿게 되는 것은 하나님의 은혜며, 믿는 자들은 하나 됨을 통해 예수님을 세상에 드러낸다.

20 내가 비옵는 것은 이 사람들만 위함이 아니요 또 그들의 말로 말미암
아 나를 믿는 사람들도 위함이니
21 아버지여, 아버지께서 내 안에, 내가 아버지 안에 있는 것 같이 그들도
다 하나가 되어 우리 안에 있게 하사 세상으로 아버지께서 나를 보내
신 것을 믿게 하옵소서
22 내게 주신 영광을 내가 그들에게 주었사오니 이는 우리가 하나가 된
것 같이 그들도 하나가 되게 하려 함이니이다
23 곧 내가 그들 안에 있고 아버지께서 내 안에 계시어 그들로 온전함을
이루어 하나가 되게 하려 함은 아버지께서 나를 보내신 것과 또 나를
사랑하심 같이 그들도 사랑하신 것을 세상으로 알게 하려 함이로소이
다
24 아버지여 내게 주신 자도 나 있는 곳에 나와 함께 있어 아버지께서 창
세 전부터 나를 사랑하시므로 내게 주신 나의 영광을 그들로 보게 하시
기를 원하옵나이다
25 의로우신 아버지여 세상이 아버지를 알지 못하여도 나는 아버지를 알
았사옵고 그들도 아버지께서 나를 보내신 줄 알았사옵나이다
26 내가 아버지의 이름을 그들에게 알게 하였고 또 알게 하리니 이는 나
를 사랑하신 사랑이 그들 안에 있고 나도 그들 안에 있게 하려 함이니
이다

오늘의 묵상 교회가 하나 되는 것은 성도 간의 교제 차원에서만이 아니라 예수 그리스도를 세상에 전하는 전도의 차원에서도 중요하다. 교회가 하나 되지 못하고 성도 간에 갈등이 깊어지면 세상 사람들은 우리가 가진 믿음을 의심할 것이다. 반면에 분명히 갈등이 벌어질 만한 상황에서도 서로를 믿고 사랑하며 용서한다면, 세상은 그 모습을 보고 신앙의 진정성을 믿게 될 것이다. 성도 간의 하나 됨은 이토록 중요하다. 이렇게 성도들이 모인 교회가 하나 되려면 자기 것을 주장하는 사람들보다 헌신하는 사람들이 많아야 한다(엡 4:2–3; 빌 2:2–3). 자신의 것을 주장하기만 하면 서로 부딪칠 수밖에 없다. 참아 주고 받아 주는 헌신 속에서 교회는 하나를 이룬다. 당신은 다른 사람들의 부족함을 기꺼이 받아 주었는가? 혹 당신이 옳다는 것을 드러내기 위해 다른 성도를 정죄하고 결과적으로 교회를 분열시킨 적은 없는지 생각해 보아야 한다.

요한복음 18:1-11

잡히시는 예수님

년 월 일

본문 요약 | 제자들과의 식사를 마치신 예수님은 유다를 앞세운 군병들에게 잡히셨다. 그 과정에서 예수님은 자신이 그들이 찾는 나사렛 예수임을 분명히 밝히셨고, 끝까지 제자들을 배려하셨다. 이때 베드로는 칼로 대항하려 했으나, 모든 것을 아시는 예수님은 피하지 않으시고 기꺼이 그들에게 자신을 내어 주신다.

1 예수께서 이 말씀을 하시고 제자들과 함께 기드론 시내 건너편
으로 나가시니 그 곳에 동산이 있는데 제자들과 함께 들어가시니라
2 그 곳은 가끔 예수께서 제자들과 모이시는 곳이므로 예수를 파는 유
다도 그 곳을 알더라 3 유다가 군대와 대제사장들과 바리새인들에
게서 얻은 아랫사람들을 데리고 등과 횃불과 무기를 가지고 그리로 오
는지라 4 예수께서 그 당할 일을 다 아시고 나아가 이르시되 너희가
누구를 찾느냐 5 대답하되 나사렛 예수라 하거늘 이르시되 내가 그
니라 하시니라 그를 파는 유다도 그들과 함께 섰더라 6 예수께서 그
들에게 내가 그니라 하실 때에 그들이 물러가서 땅에 엎드러지는지라
7 이에 다시 누구를 찾느냐고 물으신대 그들이 말하되 나사렛 예수라
하거늘 8 예수께서 대답하시되 너희에게 내가 그니라 하였으니 나를
찾거든 이 사람들이 가는 것은 용납하라 하시니 9 이는 아버지께서
내게 주신 자 중에서 하나도 잃지 아니하였사옵나이다 하신 말씀을 응
하게 하려 함이러라 10 이에 시몬 베드로가 칼을 가졌는데 그것을 빼
어 대제사장의 종을 쳐서 오른편 귀를 베어버리니 그 종의 이름은 말
고라 11 예수께서 베드로더러 이르시되 칼을 칼집에 꽂으라 아버지께
서 주신 잔을 내가 마시지 아니하겠느냐 하시니라

오늘의 묵상 요한복음은 예수님의 잡히심과 죽으심이 하나님의 아들로서 행하신 능동적인 행동이라는 사실에 초점을 맞추고 있다. 예수님은 자신이 가셔야 하는 길을 다 아시고 매우 의지적으로 그 길을 걸어가셨다(4절). 그렇게 하심으로써 제자들을 보호하셨으며(8절), 쓸데없는 희생도 막으셨다(11절). 예수님의 모습을 보며 우리도 예수님과 같은 모습으로 신앙의 길을 걸어가야 함을 느낀다. 이왕 믿을 거면 억지로 끌려가는 신앙이 아니라 능동적으로 끌고 가는 신앙이 되어야 한다. 앞장서서 주의 일에 순종하고 봉사해야 한다. 그것이 쓸데없는 신앙의 갈등과 소모전을 줄이고 주께 영광이 되는 삶일 것이다. 어차피 가야 할 길이라면 기쁘게 십자가를 지는 자세가 중요하다.

요한복음 18:12-18 예수님을 부인하는 베드로

년 월 일

본문 요약 I 당시의 정치·종교 세력들에게 체포당하신 예수님은 먼저 안나스에게 심문을 받으신다. 한편, 예수님을 따라가던 베드로는 요한과 함께 대제사장의 집 뜰에 들어갔다가, 문을 지키는 여종 앞에서 자신이 예수님의 제자임을 부인한다. 방금 전 예수님을 지키려고 칼을 휘둘렀던 베드로가 바로 다시 예수님을 부인하는 모습을 보인다.

12 이에 군대와 천부장과 유대인의 아랫사람들이 예수를 잡아 결박하여
13 먼저 안나스에게로 끌고 가니 안나스는 그 해의 대제사장인 가야바의
장인이라
14 가야바는 유대인들에게 한 사람이 백성을 위하여 죽는 것이 유익하다
고 권고하던 자러라
15 시몬 베드로와 또 다른 제자 한 사람이 예수를 따르니 이 제자는 대제
사장과 아는 사람이라 예수와 함께 대제사장의 집 뜰에 들어가고
16 베드로는 문 밖에 서 있는지라 대제사장을 아는 그 다른 제자가 나가
서 문 지키는 여자에게 말하여 베드로를 데리고 들어오니
17 문 지키는 여종이 베드로에게 말하되 너도 이 사람의 제자 중 하나가
아니냐 하니 그가 말하되 나는 아니라 하고
18 그 때가 추운 고로 종과 아랫사람들이 불을 피우고 서서 쬐니 베드로
도 함께 서서 쬐더라

오늘의 묵상 베드로는 붙잡히신 예수님을 따라갔다가 대제사장의 여종 앞에서 예수님을 부인한다. 예수님이 잡히시던 밤, 칼을 휘두르며 예수님을 지키려 했던 베드로는 허망하게도 한낱 여자 종의 추궁 앞에 예수님의 제자 됨을 부정한 것이다. 성경이 이 사실을 통하여 보여주려고 하는 것은 인간의 연약함이다. 사람은 대단하지 않다. 대단해 보이는 사람도 아주 작은 일에 실수하고 넘어지는 경우가 많다. 유명한 종교인이나 정치인들이 유명세와는 달리 매우 작은 스캔들 때문에 자신의 자리를 떠나는 경우가 허다하다. 이처럼 인간은 신뢰의 대상이 될 수 없다. 자신이든지 타인이든지 지나치게 사람을 신뢰하는 것은 성경적이지 않다. 예수님께 나의 충성을 다짐할 때도 내 의지를 믿지 말고 예수님의 도우심에 철저히 기대야 한다. 또한 아주 작아 보이는 일이 내 인생과 삶을 무너뜨릴 수 있다는 경고를 기억해야 할 것이다.

요한복음 18:19-27 안나스의 심문

년 월 일

본문 요약 I 안나스가 예수님을 심문한 내용과 베드로가 세 번이나 예수님을 부인한 사실을 기록한 본문이다. 안나스는 예수님의 교훈과 제자들에 대해 묻는다. 이에 예수님은 자신의 가르침이 공개적으로 이루어진 사실을 강조하시나, 아랫사람 하나가 예수님을 때리며 위협한다. 죄 없으신 예수님을 고소할 죄목을 찾기 위해 혈안이 된 모습을 볼 수 있다.

19 대제사장이 예수에게 그의 제자들과 그의 교훈에 대하여 물으니
20 예수께서 대답하시되 내가 드러내 놓고 세상에 말하였노라 모든 유대
인들이 모이는 회당과 성전에서 항상 가르쳤고 은밀하게는 아무 것도
말하지 아니하였거늘
21 어찌하여 내게 묻느냐 내가 무슨 말을 하였는지 들은 자들에게 물어
보라 그들이 내가 하던 말을 아느니라
22 이 말씀을 하시매 곁에 섰던 아랫사람 하나가 손으로 예수를 쳐 이르
되 네가 대제사장에게 이같이 대답하느냐 하니
23 예수께서 대답하시되 내가 말을 잘못하였으면 그 잘못한 것을 증언
하라 바른 말을 하였으면 네가 어찌하여 나를 치느냐 하시더라
24 안나스가 예수를 결박한 그대로 대제사장 가야바에게 보내니라
25 시몬 베드로가 서서 불을 쬐더니 사람들이 묻되 너도 그 제자 중 하나
가 아니냐 베드로가 부인하여 이르되 나는 아니라 하니
26 대제사장의 종 하나는 베드로에게 귀를 잘린 사람의 친척이라 이르되
네가 그 사람과 함께 동산에 있는 것을 내가 보지 아니하였느냐
27 이에 베드로가 또 부인하니 곧 닭이 울더라

오늘의 묵상 예수님은 전직 대제사장이자, 현직 대제사장인 가야바의 장인인 안나스에게 잡히신 후 제일 먼저 비공식 재판을 받는다. 아침 전에 행해지는 이런 재판은 당시로서는 불법이었다. 아마도 더 경험이 많은 안나스에게 먼저 보내진 것은 예수님을 고소할 죄목을 찾아내어 덧붙이려는 의도였을 것이다. 그러나 예수님은 이에 당당하게 임하셨다. 자신의 가르침이 공개적으로 이루어진 것인 만큼 시비를 가려보라고 말씀하셨나. 그러나 그들은 폭력을 통해 예수님의 기를 꺾으려고 하였다. 처음부터 이 재판은 정의를 규명하려는 재판이 아니라 예수님을 죽이려는 재판이었음을 알 수 있다. 어떻게든 죄목을 씌우고자 예수님을 협박했다. 예수님이 세상에서 정의롭게 판단을 받지 못하셨다면 그분을 따르는 우리도 크게 다르지 않을 것이다. 신앙 때문에 세상에서 받는 오해와 편협함에 대해 너무 놀라지 말고 언제나 예수님을 기억하며 이겨 나가자.

요한복음 18:28-40 빌라도 앞에 서신 예수님

년 월 일

본문 요약 | 예수님이 가야바의 집에서 로마 총독 빌라도에게로 끌려가신다. 예수님을 죽이려는 의도로 형식적으로 재판 절차가 진행되고, 그들은 예수님에게 '유대인의 왕'이라는 죄목을 뒤집어씌운다. 한편, 예수님은 당신의 나라는 이 세상에 속한 것이 아니라고 말씀하신다. 하나님 나라는 이 세상에 속하지 않은 영원한 나라다.

28 그들이 예수를 가야바에게서 관정으로 끌고 가니 새벽이라 그들은 더
럽힘을 받지 아니하고 유월절 잔치를 먹고자 하여 관정에 들어가지
아니하더라
29 그러므로 빌라도가 밖으로 나가서 그들에게 말하되 너희가 무슨 일로
이 사람을 고발하느냐
30 대답하여 이르되 이 사람이 행악자가 아니었더라면 우리가 당신에게
넘기지 아니하였겠나이다
31 빌라도가 이르되 너희가 그를 데려다가 너희 법대로 재판하라 유대인
들이 이르되 우리에게는 사람을 죽이는 권한이 없나이다 하니
32 이는 예수께서 자기가 어떠한 죽음으로 죽을 것을 가리켜 하신 말씀
을 응하게 하려 함이러라
33 이에 빌라도가 다시 관정에 들어가 예수를 불러 이르되 네가 유대인의
왕이냐
34 예수께서 대답하시되 이는 네가 스스로 하는 말이냐 다른 사람들이 나
에 대하여 네게 한 말이냐
35 빌라도가 대답하되 내가 유대인이냐 네 나라 사람과 대제사장들이 너
를 내게 넘겼으니 네가 무엇을 하였느냐
36 예수께서 대답하시되 내 나라는 이 세상에 속한 것이 아니니라 만일
내 나라가 이 세상에 속한 것이었더라면 내 종들이 싸워 나로 유대인
들에게 넘겨지지 않게 하였으리라 이제 내 나라는 여기에 속한 것이
아니니라
37 빌라도가 이르되 그러면 네가 왕이 아니냐 예수께서 대답하시되 네 말
과 같이 내가 왕이니라 내가 이를 위하여 태어났으며 이를 위하여 세
상에 왔나니 곧 진리에 대하여 증언하려 함이로라 무릇 진리에 속한

자는 내 음성을 듣느니라 하신대
38 빌라도가 이르되 진리가 무엇이냐 하더라 이 말을 하고 다시 유대인들
에게 나가서 이르되 나는 그에게서 아무 죄도 찾지 못하였노라
39 유월절이면 내가 너희에게 한 사람을 놓아 주는 전례가 있으니 그러
면 너희는 내가 유대인의 왕을 너희에게 놓아 주기를 원하느냐 하니
40 그들이 또 소리 질러 이르되 이 사람이 아니라 바라바라 하니 바라바
는 강도였더라

오늘의 묵상 예수님을 붙잡은 대제사장과 그 무리는 예수님께 사형이 선고되기를 바랐다. 빌라도가 예수님께 물은 첫 질문이 "네가 유대인의 왕이냐"인 것을 보면, 그들은 예수님을 정치범으로 몰아 당시 로마의 법에 의해 죽게 만들려는 속셈이었다. 예수를 따르는 유대인들의 원성을 잠재우고 모든 책임을 로마에 돌리려 한 것이다. 유대 종교지도자들은 처음부터 공정한 재판이 목적이 아니라 예수님을 죽이려는 의도와 목적을 가지고 새판에 임하고 있었다. 그러면서도 유대인들은 유월절 잔치를 더럽히지 않고 먹으려고 빌라도의 관정에 들어가지 않았다. 이것은 엄청난 죄를 품고도 겉으로는 거룩을 지키려는 잘못된 신앙인들의 모습이다. 거룩은 내면으로부터 지켜져야 한다. 하나님은 언제나 우리의 중심을 보신다. 내면적 의도가 잘못되었다면 외형적으로 아무리 그럴듯한 종교적 모습을 가졌을지라도 하나님의 법정에서는 단죄를 받는다는 것을 명심하자.

요한복음 19:1-11 빌라도의 재판

년 월 일

본문 요약 | 빌라도가 예수님을 채찍질하게 한다. 군인들은 예수님을 능멸하고, 빌라도는 초라한 예수님의 모습을 군중에게 보인다. 그러나 종교지도자들이 중심이 된 군중은 예수님의 십자가 형벌을 요구하며 시위를 계속한다. 빌라도는 예수님이 자신을 하나님의 아들이라고 하신 대답을 듣고 두려워하나, 이것이 예수님에 대한 올바른 판단으로 이어지지는 않는다.

1 이에 빌라도가 예수를 데려다가 채찍질하더라 2 군인들이 가시나무
로 관을 엮어 그의 머리에 씌우고 자색 옷을 입히고 3 앞에 가서 이르
되 유대인의 왕이여 평안할지어다 하며 손으로 때리더라 4 빌라도가
다시 밖에 나가 말하되 보라 이 사람을 데리고 너희에게 나오나니 이
는 내가 그에게서 아무 죄도 찾지 못한 것을 너희로 알게 하려 함이로
라 하더라 5 이에 예수께서 가시관을 쓰고 자색 옷을 입고 나오시니
빌라도가 그들에게 말하되 보라 이 사람이로다 하매 6 대제사장들과
아랫사람들이 예수를 보고 소리 질러 이르되 십자가에 못 박으소서 십
자가에 못 박으소서 하는지라 빌라도가 이르되 너희가 친히 데려다가
십자가에 못 박으라 나는 그에게서 죄를 찾지 못하였노라 7 유대인
들이 대답하되 우리에게 법이 있으니 그 법대로 하면 그가 당연히 죽
을 것은 그가 자기를 하나님의 아들이라 함이니이다 8 빌라도가 이 말
을 듣고 더욱 두려워하여 9 다시 관정에 들어가서 예수께 말하되 너
는 어디로부터냐 하되 예수께서 대답하여 주지 아니하시는지라 10 빌
라도가 이르되 내게 말하지 아니하느냐 내가 너를 놓을 권한도 있고
십자가에 못 박을 권한도 있는 줄 알지 못하느냐 11 예수께서 대답
하시되 위에서 주지 아니하셨더라면 나를 해할 권한이 없었으리니 그
러므로 나를 네게 넘겨 준 자의 죄는 더 크다 하시니라

오늘의 묵상

빌라도는 예수가 하나님의 아들이라고 말했다는 군중들의 외침을 듣고 두려워한다. 재판 과정에서도 예수님의 죄를 전혀 찾을 수 없었기에 더욱 그러했다. 그러나 결과적으로 빌라도의 두려움은 행동과 결단으로 이어지지 못하고 무죄한 예수님을 죽게 만든다. 반면에 구원에 이르는 두려움도 있다. 보통 우리가 하나님을 '경외'한다고 할 때 이 두려움이 그런 두려움이다. 바울도 '두렵고 떨림으로' 구원을 이루라고 권면했다(빌 2:12). 후자의 두려움은 두려움을 느끼는 것에서 그치지 않고 하나님을 섬기는 행동과 결단으로 이어지는 경건한 두려움이다. 우리는 빌라도가 느꼈던 두려움이 아니라 하나님을 경외하는 두려움을 가져야 한다. 하나님을 진정으로 두려워하는 사람은 죄에서 떠나는 행동과 결단으로 자신의 믿음을 증명한다.

요한복음 19:12-22　십자가에 달리신 예수님

년　월　일

본문 요약 | 빌라도가 예수를 놓아주려고 애를 쓰자 유대인들은 '가이사만이 왕'이라고 외치며 빌라도를 압박한다. 결국 빌라도는 예수님을 십자가에 못 박도록 내어 준다. 예수님은 골고다에서 죄수 두 사람과 함께 십자가에 못 박히신다. 빌라도는 '나사렛 예수 유대인의 왕'이라는 명패를 십자가 위에 붙인다. 예수님은 인류를 위해 죄인의 모습으로 죽으셨다.

12 이러하므로 빌라도가 예수를 놓으려고 힘썼으나 유대인들이 소리 질
러 이르되 이 사람을 놓으면 가이사의 충신이 아니니이다 무릇 자기를
왕이라 하는 자는 가이사를 반역하는 것이니이다 13 빌라도가 이 말
을 듣고 예수를 끌고 나가서 돌을 깐 뜰(히브리 말로 가바다)에 있
는 재판석에 앉아 있더라 14 이 날은 유월절의 준비일이요 때는 제육
시라 빌라도가 유대인들에게 이르되 보라 너희 왕이로다 15 그들이 소
리 지르되 없이 하소서 없이 하소서 그를 십자가에 못 박게 하소서 빌
라도가 이르되 내가 너희 왕을 십자가에 못 박으랴 대제사장들이 대
답하되 가이사 외에는 우리에게 왕이 없나이다 하니 16 이에 예수
를 십자가에 못 박도록 그들에게 넘겨 주니라 17 그들이 예수를 맡으
매 예수께서 자기의 십자가를 지시고 해골(히브리 말로 골고다)이라
하는 곳에 나가시니 18 그들이 거기서 예수를 십자가에 못 박을새 다
른 두 사람도 그와 함께 좌우편에 못 박으니 예수는 가운데 있더라
19 빌라도가 패를 써서 십자가 위에 붙이니 나사렛 예수 유대인의 왕이
라 기록되었더라 20 예수께서 못 박히신 곳이 성에서 가까운 고로 많
은 유대인이 이 패를 읽는데 히브리와 로마와 헬라 말로 기록되었더라
21 유대인의 대제사장들이 빌라도에게 이르되 유대인의 왕이라 쓰지
말고 자칭 유대인의 왕이라 쓰라 하니 22 빌라도가 대답하되 내가
쓸 것을 썼다 하니라

오늘의 묵상

예수님은 죄인들에 의해 십자가에 못 박히셨다. 실로 죄 있는 인간이 죄 없는 예수님을 죽인 것이다. 거기다가 예수님은 강도들과 함께 십자가에 달리셨다. 비참한 죽음 같지만 예수님께서 이 땅에 오신 이유를 가장 잘 설명하는 모습으로 죽으셨다. 죄인들에 의해, 죄인들과 함께, 죄인들을 위하여 예수님은 십자가를 지신 것이다. 자신의 죄도 모르고 무죄한 예수님을 이렇게 극악무도한 형벌인 십자가 형으로 죽이는 인간이 스스로를 구원할 방법이 있겠는가! 예수님이 지신 십자가는 인간의 죄의 깊이를 보여준다. 예수님이 극도로 잔혹하고 처참한 십자가 형벌로 죽으셔야 할 정도로 죄는 무섭고 깊다. 사람들은 죄를 가볍게 생각하는 경향이 있다. 누구나 저지르고 사는 일상처럼 치부할 때가 있다. 그러나 죄는 참으로 무서운 것이다. 예수님의 십자가가 그것을 경고한다. 세상 사람들은 몰라도 성도들은 가벼운 죄는 없다는 생각으로 죄를 철저히 멀리해야 할 것이다.

요한복음 19:23-30 　예수님의 죽음

년 월 일

본문 요약 I 예수님을 십자가에 못 박은 군인들은 예수님의 옷을 나누어 가지는데, 이는 구약 예언의 성취였다. 예수님은 마지막에 어머니를 요한에게 부탁하셨고, '목마르다'는 말씀과 '다 이루었다'는 말씀을 하신 후 십자가 위에서 죽으셨다. 십자가 상의 예수님은 누구를 원망하거나 비난하는 대신 사랑을 보이셨으며, 하나님의 일을 다 이루셨다.

23 군인들이 예수를 십자가에 못 박고 그의 옷을 취하여 네 깃에 나눠 각
각 한 깃씩 얻고 속옷도 취하니 이 속옷은 호지 아니하고 위에서부터
통으로 짠 것이라
24 군인들이 서로 말하되 이것을 찢지 말고 누가 얻나 제비 뽑자 하니 이
는 성경에 그들이 내 옷을 나누고 내 옷을 제비 뽑나이다 한 것을 응
하게 하려 함이러라 군인들은 이런 일을 하고
25 예수의 십자가 곁에는 그 어머니와 이모와 글로바의 아내 마리아와 막
달라 마리아가 섰는지라
26 예수께서 자기의 어머니와 사랑하시는 제자가 곁에 서 있는 것을 보
시고 자기 어머니께 말씀하시되 여자여 보소서 아들이니이다 하시고
27 또 그 제자에게 이르시되 보라 네 어머니라 하신대 그 때부터 그 제
자가 자기 집에 모시니라
28 그 후에 예수께서 모든 일이 이미 이루어진 줄 아시고 성경을 응하게
하려 하사 이르시되 내가 목마르다 하시니
29 거기 신 포도주가 가득히 담긴 그릇이 있는지라 사람들이 신 포도주를
적신 해면을 우슬초에 매어 예수의 입에 대니
30 예수께서 신 포도주를 받으신 후에 이르시되 다 이루었다 하시고 머리
를 숙이니 영혼이 떠나가시니라

오늘의 묵상 예수님은 "다 이루었다"는 말씀을 끝으로 공생애를 마감하신다. 하나님의 아들이 이 땅에 오셔서 인류를 구원하시고 십자가를 지신 것이다. "다 이루었다"라는 말의 의미는 '단번에 완성하신 것'을 의미한다. 더 이상 누군가가 보탤 필요가 없는 완벽한 완성인 것이다. 그러나 인간적인 눈으로 보면 예수님의 '이루심'은 완벽해 보이지 않는다. 죄인의 모습으로 죽으셨고 인간의 조롱과 멸시를 받으셨다. 이 점에 있어서 우리는 바울의 기록을 기억해야 한다. '하나님의 어리석음이 사람보다 지혜롭고 하나님의 약하심이 사람보다 강하니라'(고전 1:25). 물론 하나님은 어리석지 않으시다. 절대 그럴 수 없다. 그러나 인간의 눈에 그렇게 보일 때가 있다는 말이다. 십자가가 그랬다. 그러므로 우리는 기억해야 한다. 우리의 관점으로 쉽게 하나님의 일을 판단하거나 평가하지 말아야 한다. 하나님의 역사는 언제나 인간의 이성을 초월한다는 사실을 명심하자.

요한복음 19:31-37

예수님의 죽음 확인

년 월 일

본문 요약 I 유대인들은 안식일까지 시체를 십자가에 방치하고 싶지 않아서 빌라도에게 시체 다리를 꺾어서 빨리 치워 달라고 요구한다. 이에 군인들은 예수님과 함께 못 박힌 두 사람의 다리를 꺾으나, 예수님은 이미 죽으셨기에 창으로 옆구리를 찔러 죽음을 확인한다. 이를 통해 요한은 예수님이 실제적으로 죽으셨다는 사실을 강조한다.

31 이 날은 준비일이라 유대인들은 그 안식일이 큰 날이므로 그 안식일에
시체들을 십자가에 두지 아니하려 하여 빌라도에게 그들의 다리를 꺾
어 시체를 치워 달라 하니
32 군인들이 가서 예수와 함께 못 박힌 첫째 사람과 또 그 다른 사람의
다리를 꺾고
33 예수께 이르러서는 이미 죽으신 것을 보고 다리를 꺾지 아니하고
34 그 중 한 군인이 창으로 옆구리를 찌르니 곧 피와 물이 나오더라
35 이를 본 자가 증언하였으니 그 증언이 참이라 그가 자기의 말하는 것
이 참인 줄 알고 너희로 믿게 하려 함이니라
36 이 일이 일어난 것은 그 뼈가 하나도 꺾이지 아니하리라 한 성경을
응하게 하려 함이라
37 또 다른 성경에 그들이 그 찌른 자를 보리라 하였느니라

오늘의 묵상 예수님의 죽음은 분명히 실제적인 죽음이었다. 예수님은 십자가에 달려서 죽으셨고, 이를 군인들이 확인하며 창으로 그 옆구리를 찌르기까지 했다. 그렇기 때문에 예수님의 부활도 분명한 사실이다. 그러나 오늘날 사람들은 이것을 믿지 못한다. 어찌 보면 당연하다. 이미 당시 초대교회 때부터 예수님의 죽음과 부활을 부정하는 이단들이 생겨났기 때문이다. 예수님은 죽으신 것이 아니라 잠시 기절하셨다가 선선한 무덤에서 깨어나셨다고 주장하기나, 심지어는 예수님이 실제로 육신의 부활을 하신 것이 아니라 다만 사람들이 환상을 본 것이라고 주장했다. 그러니 오늘날 사람들이 예수님의 완전한 죽음과 부활을 믿지 못하는 것도 이해는 된다. 그러나 예수님은 분명히 죽으셨고 그래서 분명히 부활하셨다. 이것은 세상(군인들)과 제자들이 증명하고 있다.

요한복음 19:38-42 예수님을 장사 지내는 사람들

년 월 일

본문 요약 | 아리마대 사람 요셉이 빌라도에게 예수님의 시신을 가져가겠다고 요청한다. 빌라도의 허락이 있은 후, 요셉은 많은 양의 향료를 가져온 니고데모와 함께 정성껏 예수님을 새 무덤에 장사 지낸다. 그들은 자신의 신분과 사람들의 눈을 개의치 않고 예수님을 따랐다.

38 아리마대 사람 요셉은 예수의 제자이나 유대인이 두려워 그것을 숨기
더니 이 일 후에 빌라도에게 예수의 시체를 가져가기를 구하매 빌라도
가 허락하는지라 이에 가서 예수의 시체를 가져가니라
39 일찍이 예수께 밤에 찾아왔던 니고데모도 몰약과 침향 섞은 것을 백
리트라쯤 가지고 온지라
40 이에 예수의 시체를 가져다가 유대인의 장례 법대로 그 향품과 함께
세마포로 쌌더라
41 예수께서 십자가에 못 박히신 곳에 동산이 있고 동산 안에 아직 사람
을 장사한 일이 없는 새 무덤이 있는지라
42 이 날은 유대인의 준비일이요 또 무덤이 가까운 고로 예수를 거기 두
니라

오늘의 묵상 예수님의 죽음 이후에도 요셉과 니고데모의 헌신이 이어진다. 두 사람은 모두 유대 공의회 회원이며 부자라는 공통점이 있었다. 아리마대 요셉은 자신의 새 무덤을 예수님께 드렸고, 니고데모는 장례에 필요한 향료를 넘치게 준비하여 예수님의 장례를 치렀다. 이들은 당시 정치범으로 죽으신 예수님의 장례를 치르는 부담을 마다하지 않고 장례를 치른다. 이들의 헌신 속에서 예수님이 어떤 분이셨는지를 알 수 있다. 두 사람이 위험을 무릅쓰고도 따랐을 정도로 예수님의 신적 권위는 영향력 있고 분명한 것이었다. 이 사실도 예수님이 하나님의 아들이심에 대한 간접적인 증거가 된다. 요셉과 니고데모의 헌신은 그들이 경험한 주님의 크기를 가늠해 보게 한다. 언제나 헌신 전에는 하나님의 크신 은혜가 있었음을 기억하고 겸손하자.

요한복음 20:1-10

부활하신 예수님

년 월 일

본문 요약 | 안식 후 첫날, 이른 아침에 막달라 마리아가 예수님의 무덤을 찾아갔다가 무덤이 빈 사실을 발견한다. 이 소식을 들은 베드로와 요한도 달려가 이를 확인하지만, 예수님의 부활을 아직 깨닫지 못한다. 이전에 예수님은 여러 차례 자신의 부활에 대해 언급하셨지만, 정작 제자들은 예수님의 부활을 깨닫지 못했다.

1 안식 후 첫날 일찍이 아직 어두울 때에 막달라 마리아가 무덤에 와
서 돌이 무덤에서 옮겨진 것을 보고
2 시몬 베드로와 예수께서 사랑하시던 그 다른 제자에게 달려가서 말하
되 사람들이 주님을 무덤에서 가져다가 어디 두었는지 우리가 알지 못
하겠다 하니
3 베드로와 그 다른 제자가 나가서 무덤으로 갈새
4 둘이 같이 달음질하더니 그 다른 제자가 베드로보다 더 빨리 달려가서
먼저 무덤에 이르러
5 구부려 세마포 놓인 것을 보았으나 들어가지는 아니하였더니
6 시몬 베드로는 따라와서 무덤에 들어가 보니 세마포가 놓였고
7 또 머리를 쌌던 수건은 세마포와 함께 놓이지 않고 딴 곳에 쌌던 대
로 놓여 있더라
8 그 때에야 무덤에 먼저 갔던 그 다른 제자도 들어가 보고 믿더라
9 (그들은 성경에 그가 죽은 자 가운데서 다시 살아나야 하리라 하신 말
씀을 아직 알지 못하더라)
10 이에 두 제자가 자기들의 집으로 돌아가니라

오늘의 묵상 본문에 등장하는 베드로와 요한, 두 제자는 예수님의 부활에 준비가 되어 있지 않았다. 예수님이 살아계실 동안 여러 차례 죽으심과 부활을 언급하셨음에도 이들은 그것을 알지 못했다고 기록되어 있다. 예수님의 거듭되는 예언의 말씀을 들으면서도 더디 믿었던 제자들처럼, 우리도 하나님의 말씀을 더디 믿는 존재들임을 깨달아야 한다. 이런 경험들이 우리 신앙생활에도 있다. 다 알고 있는 말씀이라고 생각되었던 말씀이 어느 날 성령의 도우심으로 새롭게 나에게 다가온 경험들이 있을 것이다. 그때 배우는 것은 내가 하나님의 말씀의 모든 의미를 다 알지 못한다는 사실이다. 그래서 우리는 말씀을 대할 때마다 설렘으로 임해야 한다. 시편 기자의 말처럼 "내 눈을 열어서 주의 율법에서 놀라운 것을 보게 하소서"(시 119:18)라는 간구가 말씀을 볼 때마다 고백되어져야 한다.

요한복음 20:11-18 마리아에게 나타나신 예수님

년 월 일

본문 요약 I 본문은 부활하신 예수님이 막달라 마리아를 만나시는 장면이다. 제자들이 돌아간 후, 막달라 마리아는 여전히 무덤 밖에 서서 울고 있다가 천사들과 부활하신 예수님을 만난다. 예수님은 마리아에게 '어찌하여 울며 누구를 찾느냐'고 물으시고는 자신이 주님이심을 드러내신다. 또한 제자들에게 가서 이 사실을 알리라고 말씀하신다.

11 마리아는 무덤 밖에 서서 울고 있더니 울면서 구부려 무덤 안을 들여
다보니
12 흰 옷 입은 두 천사가 예수의 시체 뉘었던 곳에 하나는 머리 편에, 하
나는 발 편에 앉았더라
13 천사들이 이르되 여자여 어찌하여 우느냐 이르되 사람들이 내 주님을
옮겨다가 어디 두었는지 내가 알지 못함이니이다
14 이 말을 하고 뒤로 돌이켜 예수께서 서 계신 것을 보았으나 예수이신
줄은 알지 못하더라
15 예수께서 이르시되 여자여 어찌하여 울며 누구를 찾느냐 하시니 마리
아는 그가 동산지기인 줄 알고 이르되 주여 당신이 옮겼거든 어디 두
었는지 내게 이르소서 그리하면 내가 가져가리이다
16 예수께서 마리아야 하시거늘 마리아가 돌이켜 히브리 말로 랍오니 하
니 (이는 선생님이라는 말이라)
17 예수께서 이르시되 나를 붙들지 말라 내가 아직 아버지께로 올라가지
아니하였노라 너는 내 형제들에게 가서 이르되 내가 내 아버지 곧 너
희 아버지, 내 하나님 곧 너희 하나님께로 올라간다 하라 하시니
18 막달라 마리아가 가서 제자들에게 내가 주를 보았다 하고 또 주께서
자기에게 이렇게 말씀하셨다 이르니라

오늘의 묵상 부활 후 마리아를 만난 천사와 예수님은 '어찌하여 우느냐'라는 질문을 던지신다. 이것은 마리아의 감정적 심정을 몰라서 묻는 질문이 아니다. 반복되는 이 질문 속에는 우리가 깨달아야 하는 영적인 진리가 담겨 있다. 마리아가 울 수밖에 없었던 이유는 예수님이 이미 부활하신 사실을 몰랐기 때문이었다. 만약 알았다면 기쁨을 이기지 못했을 것이다. 이처럼 성도들이 하나님 자녀로서의 자신의 신분과 상태를 올바로 이해하지 못하면 이 세상에서 기쁨 없는 신앙생활을 하기 쉽다. 성경이 이미 약속했고 승리를 보장하는 것들에 관해 잘 모르면 여전히 어둠 가운데서 헤맬 수밖에 없다. 그러므로 성도의 특권에 관해 올바른 이해를 가져야 한다. 우리의 이해는 온전하지 않다. 이해했다 하더라도 또 상황이 바뀌면 잊기 십상이다. 그렇기 때문에 지속적으로 영적인 일(예배, 큐티 등)에 자신을 노출시키는 것이 필요하다.

요한복음 20:19-29 제자들에게 나타나신 예수님

년 월 일

본문 요약 | 부활하신 예수님이 제자들에게 나타나신다. 두려워하던 제자들에게 나타나신 예수님은 평강의 인사를 하신다. 예수님은 부활하신 몸을 보이시고 나서 성령을 받으라고 말씀하셨다. 한편, 그 자리에 함께 있지 않았던 도마는 나중에 다시 예수님을 만나 주님의 부활을 믿게 된다. 주님은 증인이 될 제자들에게 확실한 부활의 증거를 주셨다.

19 이 날 곧 안식 후 첫날 저녁 때에 제자들이 유대인들을 두려워하여
모인 곳의 문들을 닫았더니 예수께서 오사 가운데 서서 이르시되 너희에
게 평강이 있을지어다 20 이 말씀을 하시고 손과 옆구리를 보이시니 제
자들이 주를 보고 기뻐하더라 21 예수께서 또 이르시되 너희에게 평강
이 있을지어다 아버지께서 나를 보내신 것 같이 나도 너희를 보내노라
22 이 말씀을 하시고 그들을 향하사 숨을 내쉬며 이르시되 성령을 받으
라 23 너희가 누구의 죄든지 사하면 사하여질 것이요 누구의 죄든지 그
대로 두면 그대로 있으리라 하시니라 24 열두 제자 중의 하나로서 디두
모라 불리는 도마는 예수께서 오셨을 때에 함께 있지 아니한지라 25 다
른 제자들이 그에게 이르되 우리가 주를 보았노라 하니 도마가 이르되 내
가 그의 손의 못 자국을 보며 내 손가락을 그 못 자국에 넣으며 내 손
을 그 옆구리에 넣어 보지 않고는 믿지 아니하겠노라 하니라 26 여드레
를 지나서 제자들이 다시 집 안에 있을 때에 도마도 함께 있고 문들이
닫혔는데 예수께서 오사 가운데 서서 이르시되 너희에게 평강이 있을지
어다 하시고 27 도마에게 이르시되 네 손가락을 이리 내밀어 내 손을
보고 네 손을 내밀어 내 옆구리에 넣어 보라 그리하여 믿음 없는 자가
되지 말고 믿는 자가 되라 28 도마가 대답하여 이르되 나의 주님이시요
나의 하나님이시니이다 29 예수께서 이르시되 너는 나를 본 고로 믿느냐
보지 못하고 믿는 자들은 복되도다 하시니라

오늘의 묵상 성경은 있는 사실을 그대로 기술한다. 성경의 내용은 더하거나 숨길 필요가 없는 사실이기 때문이다. 예수님의 부활 사건에 있어서도 일방적인 기술을 하지 않는다. 심지어 예수님의 열두 제자 중에도 부활을 믿지 않았던 사람이 있었다고 기록한다. 그가 바로 도마였다. 도마의 신앙은 구체적이다. 예수님의 몸에 난 상처를 보고 만져 보지 않고는 믿지 않겠다고 한다(25절). 예수님은 그런 도마에게 나타나셔서 그의 원대로 해 주셨다. 그러시면서 '보지 못하고 믿는 자들은 복되다'고 하셨다. 누구나 같은 방식으로 신앙을 추구하는 것은 아니다. 예수님도 획일적으로 인간을 대하시지 않는다. 각자의 성격과 기호에 맞게 대해 주신다. 주님의 넓은 마음으로 주변의 다양한 신앙의 모습들을 포용할 수 있는 그리스도의 제자가 되어야 할 것이다.

요한복음 20:30-21:6 호수에 나타나신 예수님

년 월 일

본문 요약 | 본문은 요한복음의 기록 목적과 디베랴 호수에서의 예수님과 제자들의 만남을 기록한 부분이다. 요한복음은 예수님이 하나님의 아들이심을 드러내려는 의도에서 기록됐다. 한편, 호수에서 제자들은 밤새 물고기를 한 마리도 잡지 못하다가 예수님을 만난다. 그리고 예수님의 말씀대로 따르자 많은 물고기를 잡게 된다.

30 예수께서 제자들 앞에서 이 책에 기록되지 아니한 다른 표적도 많이
행하셨으나
31 오직 이것을 기록함은 너희로 예수께서 하나님의 아들 그리스도이심을
믿게 하려 함이요 또 너희로 믿고 그 이름을 힘입어 생명을 얻게 하려
함이니라
1 그 후에 예수께서 디베랴 호수에서 또 제자들에게 자기를 나타내셨으
니 나타내신 일은 이러하니라
2 시몬 베드로와 디두모라 하는 도마와 갈릴리 가나 사람 나다나엘과 세
베대의 아들들과 또 다른 제자 둘이 함께 있더니
3 시몬 베드로가 나는 물고기 잡으러 가노라 하니 그들이 우리도 함께 가
겠다 하고 나가서 배에 올랐으나 그 날 밤에 아무 것도 잡지 못하였더
니
4 날이 새어갈 때에 예수께서 바닷가에 서셨으나 제자들이 예수이신 줄
알지 못하는지라
5 예수께서 이르시되 얘들아 너희에게 고기가 있느냐 대답하되 없나이다
6 이르시되 그물을 배 오른편에 던지라 그리하면 잡으리라 하시니 이에
던졌더니 물고기가 많아 그물을 들 수 없더라

오늘의 묵상 예수님은 제자들을 부르셨던 바다에서 다시 제자들에게 비슷한 명령을 하신다. 물고기를 잡지 못했던 제자들은 말씀을 따라 순종했고 즉시 많은 물고기를 잡을 수 있었다. 예수님이 처음 제자들을 부르셨던 모습과 사건이 그대로 재연되고 있다(참고. 눅 5:1–11). 이것은 어떤 의미가 있을까? 예수님은 처음 제자들을 부르시며 그들로 사람을 낚는 어부가 되게 하시겠다고 말씀하셨다. 이 사건을 통해 깨닫게 되는 것은 사명을 감당하는 가장 중요한 요소는 주의 말씀에 순종하는 것이라는 점이다. 내 힘과 능력으로 노력해도 밤새 고기를 잡지 못했다. 그러나 예수님의 말씀대로 하니 고기를 잡을 수 있었다. 언제나 변치 않는 원리가 있다. 처음부터 끝까지 우리는 주의 말씀에 순종해야 한다는 사실이다. 그것을 잊고 내 힘을 의지하는 순간 아무런 열매도 거둘 수가 없다. 모든 일이 그렇지만 신앙도 처음 신앙을 잊지 않고 기억하는 것이 중요하다(참고. 창 35:1–7).

요한복음 21:7-14 제자들을 먹이시는 예수님

년 월 일

본문 요약 I 예수님이 사랑하시는 제자 요한이 예수님을 알아보고 '주님이시라'고 말하자, 베드로는 겉옷을 두르고 바다로 뛰어내린다. 제자들이 모두 육지에 도착했을 때 예수님은 숯불을 피우시고 조반을 준비하고 계셨다. 제자들은 예수님께 아무것도 물을 수 없었다. 예수님이 잡히셨을 때 모두 도망간 제자들이었지만, 예수님은 여전히 그들을 먹이셨다.

7 예수께서 사랑하시는 그 제자가 베드로에게 이르되 주님이시라 하니
시몬 베드로가 벗고 있다가 주님이라 하는 말을 듣고 겉옷을 두른 후
에 바다로 뛰어 내리더라
8 다른 제자들은 육지에서 거리가 불과 한 오십 칸쯤 되므로 작은 배를
타고 물고기 든 그물을 끌고 와서
9 육지에 올라 보니 숯불이 있는데 그 위에 생선이 놓였고 떡도 있더라
10 예수께서 이르시되 지금 잡은 생선을 좀 가져오라 하시니
11 시몬 베드로가 올라가서 그물을 육지에 끌어 올리니 가득히 찬 큰 물고
기가 백쉰세 마리라 이같이 많으나 그물이 찢어지지 아니하였더라
12 예수께서 이르시되 와서 조반을 먹으라 하시니 제자들이 주님이신 줄
아는 고로 당신이 누구냐 감히 묻는 자가 없더라
13 예수께서 가셔서 떡을 가져다가 그들에게 주시고 생선도 그와 같이
하시니라
14 이것은 예수께서 죽은 자 가운데서 살아나신 후에 세 번째로 제자들
에게 나타나신 것이라

오늘의 묵상 예수님은 제자들에게 다른 말씀은 하지 않으시고 '와서 조반을 먹으라'고만 하셨다. 예수님이 부활하시고 이후의 행적을 보면 자신을 부인한 베드로나 자신을 버리고 도망간 제자들을 원망하시는 모습은 전혀 찾아볼 수 없다. 의심하는 도마에게는 오히려 증거를 보여주시기까지 했다. 예수님은 책망으로 제자들을 회복시키지 않으셨고, 오늘 본문처럼 조용히 그들을 먹이고 섬기는 것으로 회복시키셨다. 사랑은 정죄나 비난보다 훨씬 강력한 힘을 가지고 있다. 잘못을 충고하는 것으로는 진정한 변화가 일어나지 않는다. 말없이 상대에게 사랑을 보여줄 때 그가 감동하고 변하는 것이다. 그래서 사랑이 어려운 것이다. 부족한 자를 먹이고 보살펴 주는 것, 바로 그것이 사랑이다. 예수님이 행하신 모습을 우리도 행할 수만 있다면 많은 변화가 우리 주변에서 일어날 것이다.

요한복음 21:15-25 베드로에게 사명을 맡기시다

년 월 일

본문 요약 I 본문은 예수님이 베드로를 회복시키시고 베드로와 요한의 미래를 말씀하시는 내용이다. 예수님은 자신을 세 번 부인했던 베드로에게 '나를 사랑하느냐'라고 세 번 물으신다. 베드로의 대답을 들으신 예수님은 베드로에게 '내 양을 먹이고 돌보라'고 명하신다. 한편, 베드로는 요한에 대해 물으나 예수님은 그것에는 상관 말고 자신을 따르라고 말씀하신다.

15 그들이 조반 먹은 후에 예수께서 시몬 베드로에게 이르시되 요한의 아
들 시몬아 네가 이 사람들보다 나를 더 사랑하느냐 하시니 이르되 주
님 그러하나이다 내가 주님을 사랑하는 줄 주님께서 아시나이다 이르
시되 내 어린 양을 먹이라 하시고
16 또 두 번째 이르시되 요한의 아들 시몬아 네가 나를 사랑하느냐 하시
니 이르되 주님 그러하나이다 내가 주님을 사랑하는 줄 주님께서 아시
나이다 이르시되 내 양을 치라 하시고
17 세 번째 이르시되 요한의 아들 시몬아 네가 나를 사랑하느냐 하시니
주께서 세 번째 네가 나를 사랑하느냐 하시므로 베드로가 근심하여 이
르되 주님 모든 것을 아시오매 내가 주님을 사랑하는 줄을 주님께서
아시나이다 예수께서 이르시되 내 양을 먹이라
18 내가 진실로 진실로 네게 이르노니 네가 젊어서는 스스로 띠 띠고 원하
는 곳으로 다녔거니와 늙어서는 네 팔을 벌리리니 남이 네게 띠 띠우고
원하지 아니하는 곳으로 데려가리라
19 이 말씀을 하심은 베드로가 어떠한 죽음으로 하나님께 영광을 돌릴 것
을 가리키심이러라 이 말씀을 하시고 베드로에게 이르시되 나를 따르라
하시니
20 베드로가 돌이켜 예수께서 사랑하시는 그 제자가 따르는 것을 보니 그
는 만찬석에서 예수의 품에 의지하여 주님 주님을 파는 자가 누구오니
이까 묻던 자더라
21 이에 베드로가 그를 보고 예수께 여짜오되 주님 이 사람은 어떻게 되
겠사옵나이까
22 예수께서 이르시되 내가 올 때까지 그를 머물게 하고자 할지라도 네

게 무슨 상관이냐 너는 나를 따르라 하시더라
23 이 말씀이 형제들에게 나가서 그 제자는 죽지 아니하겠다 하였으나
예수의 말씀은 그가 죽지 않겠다 하신 것이 아니라 내가 올 때까지
그를 머물게 하고자 할지라도 네게 무슨 상관이냐 하신 것이러라
24 이 일들을 증언하고 이 일들을 기록한 제자가 이 사람이라 우리는 그
의 증언이 참된 줄 아노라
25 예수께서 행하신 일이 이 외에도 많으니 만일 낱낱이 기록된다면 이
세상이라도 이 기록된 책을 두기에 부족할 줄 아노라

오늘의 묵상 베드로는 예수님께 대한 자신의 충성심이 남다르다고 생각했었다(마 26:33). 그러나 베드로는 예수님을 세 번이나 부인했고, 부활하신 예수님은 그런 베드로에게 '네가 다른 사람들보다 나를 더 사랑하느냐'라고 물으셨다. 예수님의 질문이 세 번이나 계속되자 베드로는 근심한다. 예수님이 베드로에게 가르치시려 했던 것은 무엇일까? 이어지는 말씀을 보면 예수님은 베드로가 어떠한 죽음을 맞이할 것인지 아셨다. 그런 베드로의 믿음을 굳건하게 하시려는 것이다. 어떤 어려움이 있어도 예수님을 따르게 하기 위해 예수님은 베드로의 믿음을 굳건하게 세우신다. 주님이 베드로의 마음을 이토록 굳건히 잡아 주셨기에 베드로는 순교하면서도 주님께서 주신 사명을 완수할 수 있었다. 우리에게 사명을 주신 주님은 그 사명을 감당하게도 하신다. 주 안에 있으면 내가 연약해도 어떻게든 주의 일을 감당할 힘을 얻게 된다.

MEMO

MEMO

묵상과 함께하는
따라쓰기 성경
요한복음 개역개정

2020년 8월 25일 1판 1쇄 발행

발 행 인 곽 성 종
발 행 처 (주)아 가 페 출 판 사
등록번호 제21-754호(1995. 4. 12)
주 소 서울시 서초구 효령로8길 5 (방배동)
전 화 (02)584-4669
아가페 출판사

THE HOLY BIBLE
Old and New Testaments
New Korean Revised Version
© Korean Bible Society 1998, 2000, 2003, 2005
Used by permission. All rights reserved.

본서에 사용한 「성경전서 개역개정판」의 저작권은 재단법인 대한성서공회 소유이며
재단법인 대한성서공회의 허락을 받고 사용하였음.

필사&쓰기성경® 전용펜 장점

1. 잉크의 뭉침(볼펜 똥)이나 이물질이 없어 깨끗하게 쓸 수 있습니다.
2. 쓸수록 종이가 부풀어 오르는 것을 방지합니다.
3. 오랫동안 보관 시에도 종이가 서로 붙지 않습니다.
4. 물기로부터 글자가 훼손되는 것을 막아줍니다.

일반 필사&쓰기성경 전용펜 A5(검정/빨강) ······ **800원**

일반 필사&쓰기성경 전용펜 A5(검정/빨강) (1박스/12개) ······ **9,600원**

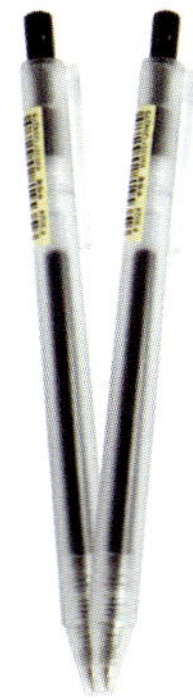

필사&쓰기성경전용 오피스펜 200 ······ **1,200원**

필사&쓰기성경전용 오피스펜 200 (1박스/12개) ······ **14,400원**

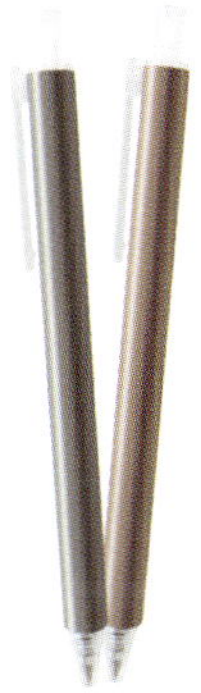

오피스펜 200 PLUS (검정) (그레이/골드) ······ **1,500원**

오피스펜 200 PLUS (검정) (그레이/골드)(1박스/10개) ······ **15,000원**

대용량

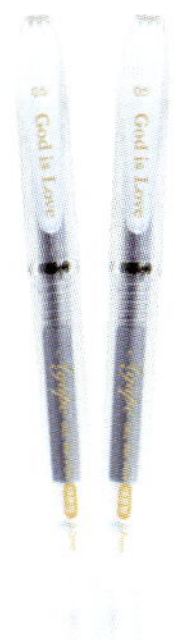

대용량 필사&쓰기성경 전용펜 ······ **1,700원**

대용량 필사&쓰기성경 전용펜 (1박스/12개) ······ **20,400원**

대용량

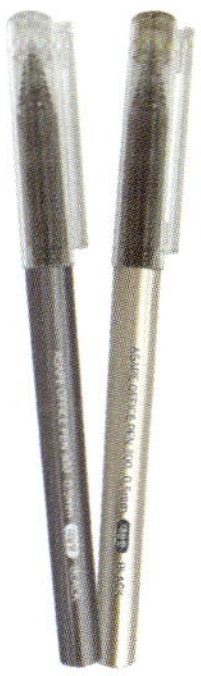

대용량 필사&쓰기성경전용 오피스펜 300 (그레이/골드) ······ **1,800원**

대용량 필사&쓰기성경전용 오피스펜 300 (그레이/골드)(1박스/10개) ······ **18,000원**

부드럽게 잘 써지는 그린펜 (검정) (초록/연두) ······ **1,300원**

부드럽게 잘 써지는 그린펜 세트 (초록/연두) ······ **1,800원**

예수님 말씀은 **빨간색 펜**을 사용하세요.

AGAPE
[주]아가페출판사

온마음 쓰기성경®

장, 절이 인쇄되어 있는 혁신적인 쓰기성경!

▼분책형(낱권) ▼분책형(세트) ▼바인더형

실속형 ▶

〈실제 본문 사진〉

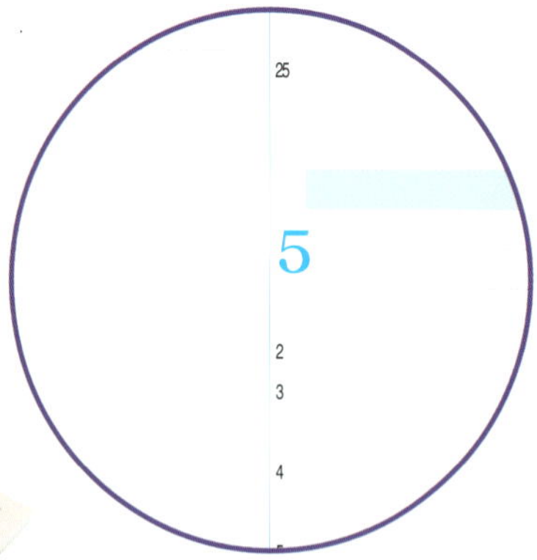

4권 분책형	· 세트(구약+신약) 정가 ~~80,000원~~ ➤ 75,000원 · 낱권(구약 1~3권, 신약 1권) 각 정가 20,000원
바인더형	프리미엄 온마음 쓰기성경 정가 82,000원
실속형	구약 | 정가 42,000원 신약 | 정가 19,000원

1. 신·구약 성경을 자유롭게 선택, 이동하며 쓸 수 있는 장점이 있습니다.
2. 언제든지 자유롭게 다시 시작할 수 있어서 연속성이 있습니다.
3. 가능한 만큼만 쓰시다 보면 어느새 말씀들로 채워집니다.

밑글씨 매일 쓰기성경®

Daily Writing Bible

구약 · 신약전서

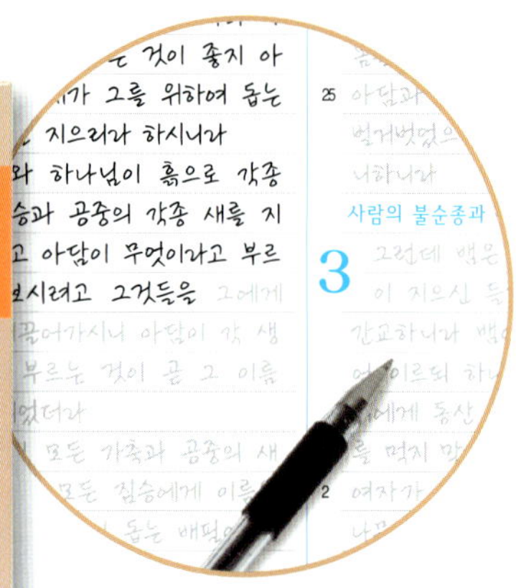

〈실제 본문 사진〉

1. 밑글씨가 있어 성경책 대조 없이 필사 가능합니다.
2. 본문이 밑글씨로 인쇄되어, 필사 시간이 획기적으로 단축됩니다.
3. 필사 시 오자, 탈자의 염려가 없습니다.
4. 적색으로 인쇄된 예수님 말씀은 빨간펜으로 쓸 수 있습니다.
5. 잘 펴지는 제본으로 편리하게 쓸 수 있습니다.

세트 정가 (구약+신약)

~~96,000원~~ ➤ **90,000원**

구약 1~3권, 신약 1권 : 각 정가 24,000원
(*낱권 구매도 가능합니다.)

본문이 있는 채움 쓰기성경®

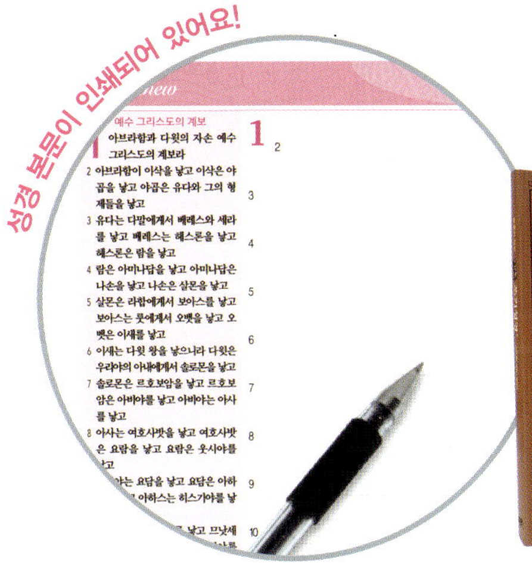

매일 말씀을 필사하며 채움의 기쁨을 누리세요!

세트 정가 (구약+신약)

~~100,000원~~ → **95,000원**

구약 1~3권, 신약 1권 : 각 정가 25,000원
(*낱권 구매도 가능합니다.)

1. 성경 본문이 인쇄되어 있어 필사 시간이 획기적으로 단축됩니다.
2. 성경책을 휴대하지 않아도 언제 어디서든 필사가 가능합니다.
3. 잘 펴지는 제본으로 편리하게 쓸 수 있습니다.
4. 자신의 서체대로 자유롭게 쓸 수 있습니다.
5. 목회자 설교 노트용으로 사용할 수 있습니다.
6. 적색으로 인쇄된 예수님 말씀은 빨간펜으로 쓸 수 있습니다.

성경 필사와 묵상을 함께 할 수 있는

묵상과 함께하는 따라쓰기 성경

성경 필사와 묵상을 함께하세요!

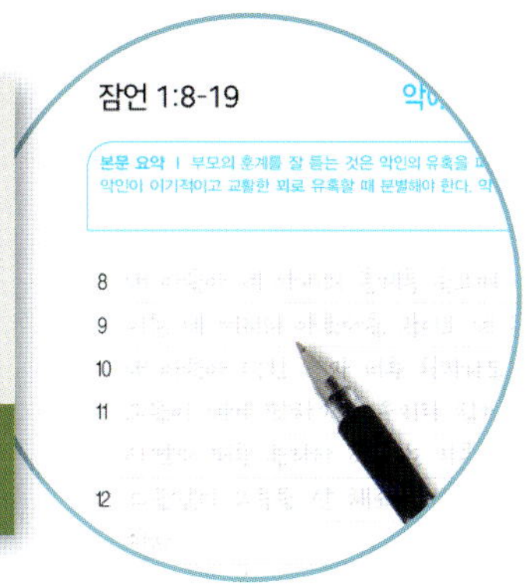

잠언 정가 7,000원 시편 정가 12,000원 요한복음 정가 8,500원

〈실제 본문 사진〉

1. 말씀묵상과 필사를 동시에 할 수 있습니다.
2. 날짜가 특정되지 않아 순차적으로 말씀묵상과 필사가 가능합니다.
3. 밑글씨가 있어 성경책 대조 없이 필사 가능합니다.
4. 본문이 밑글씨로 인쇄되어, 필사 시간이 획기적으로 단축됩니다.
5. 필사 시, 오자 탈자의 염려가 없습니다.

• 권별로 계속 출간 예정입니다. •

손수 쓰신 쓰기성경을 한 권으로 합본해 드립니다.

아래의 두 가지 제본 방법 중에서
한 가지를 선택하여 제본하실 수 있습니다.

최고급 가죽 (천연 우피) 표지 제본	고급 PU 표지 제본

제본 비용 등 자세한 제본 문의는
본사나 가까운 기독교 서점을 통해 문의하시기 바랍니다.

• 교회명, 개인명 인쇄 시 별도 비용 추가 •

AGAPE
[주]아가페출판사